Alexandra Ferrarÿ

Meine **1.+2. Klasse** *organisieren*

Über 50 Ideen, Vorlagen und Checklisten

Cornelsen

Die Autorin des Bandes:
Alexandra Ferrarÿ studierte Lehramt (Biologie und Grundschulpädagogik) an der Humboldt-Universität zu Berlin. Sie arbeitete mehrere Jahre als Klassen- und Stufenleiterin für die Klassen 1 und 2 an einer Berliner Privatschule und baute dabei das jahrgangsübergreifende Lernen auf. Zurzeit arbeitet sie an einer Grundschule im Umland von Berlin. Neben dem Beruf schloss sie ein Masterstudium für Schulmanagement und Qualitätsentwicklung ab und publizierte mehrere Bücher.

Für Sarah Sophia, die mein Leben noch einmal ganz schön auf den Kopf stellt und mir wieder einmal zeigt, dass Kinder das Wertvollste und Wichtigste auf der Welt sind!

Projektleitung: Franziska Wittwer, Berlin
Redaktion: Birte Meyer, Berlin
Umschlagkonzeption/-gestaltung: Ungermeyer, Berlin
Umschlagillustrationen: Ungermeyer, grafische Angelegenheiten
Illustration: Bianka Leonhardt, Ahrensburg
Layout / technische Umsetzung: LemmeDESIGN, Berlin

www.cornelsen.de

1. Auflage 2019

Druck: H. Heenemann, Berlin

ISBN 978-3-589-16420-2

PEFC zertifiziert
Dieses Produkt stammt aus nachhaltig bewirtschafteten Wäldern und kontrollierten Quellen.

www.pefc.de

Inhalt

Vorwort

In dem Jahr, in dem ich zum ersten Mal eine erste Klasse übernahm, saß ich drei Monate vor Schuljahresbeginn mit meinen Kolleginnen und Kollegen, die die Parallelklassen leiten würden, in der Aula unserer Schule. Es war der Elternabend für diejenigen, deren Kinder nach den Sommerferien eingeschult werden würden. Endlich! Nach Jahren des Studiums und des Referendariats würde ich eine eigene erste Klasse bekommen.
Bis jetzt hatte ich bei diesem Gedanken nur Freude empfunden. Doch auf einmal beschlich mich regelrecht ein Gefühl von Panik: Ich sah all diese Eltern, die Träume, Hoffnungen und Erwartungen in die Schule und damit in die Lehrkräfte legten – in mich! Sie alle wollten die bestmögliche Förderung für ihr Kind, aber ihre Vorstellungen von Erziehung und Pädagogik gingen dabei weit auseinander. Ich stellte mir vor, wie es wäre, wenn all diese Familien in einem großen Haus zusammen wohnen würden. Könnte es dort überhaupt einen Tag friedlich zugehen bei all den Erziehungsansätzen, die unterschiedlicher nicht sein konnten?
Im vor mir liegenden Schuljahr war es nun meine Aufgabe, diesen verschiedenen Stilen gerecht zu werden, jedem Kind einen optimalen, unbeschwerten Schulstart zu ermöglichen und es in den nächsten Jahren bestmöglich zu fördern. Am liebsten hätte ich die Flucht ergriffen, aber zum Glück hatte ich meinen Gefühlsausbruch nach einigen Minuten wieder unter Kontrolle. Genau in diesem Moment flüsterte mir meine Kollegin ins Ohr: „Oh je, jetzt werde ich aufgeregt!" Ich lächelte sie an. Jetzt wusste ich, dass die Aufregung normal und gut war.
Heute, nach vielen Klassendurchläufen, überwiegt in solchen Momenten die Freude über die neue Herausforderung und die vielen unterschiedlichen Kinder, die so motiviert, unbefangen und neugierig in die Schule kommen. Aber diese erste Erfahrung hat mich sensibel gemacht für die Wichtigkeit der Aufgabe, die wir als Lehrerinnen und Lehrer insbesondere im Anfangsunterricht übernehmen.

Dieses Buch soll Ihnen Mut machen, die Herausforderung anzunehmen, Ihnen Tipps geben und Strukturen vorstellen, wie Sie die ersten zwei Schuljahre für alle (einschließlich sich selbst) möglichst positiv gestalten können. Je sorgsamer Sie die Rahmenbedingungen planen, umso effektiver können Sie Kraft und Zeit für die eigentliche Arbeit mit den Kindern nutzen. Ihre Zuversicht und Zufriedenheit werden sich auch auf Eltern und Kinder übertragen.

Aus meiner Sicht sind die ersten beiden Schuljahre besonders wichtig, denn hier werden die Grundlagen für die weitere Schulzeit gelegt. Die Schülerinnen und Schüler müssen erst ankommen und sich einleben, sie müssen lernen, sich selbst zu organisieren und Lernstrategien entwickeln. Kenntnisse im Schrift-

spracherwerb sowie in der Mathematik, die die Basis für das weitere Lernen schaffen, werden hier vermittelt.
Gleichzeitig ist es eine anspruchsvolle, nicht immer einfache Aufgabe, Motivation, Erwartungen und Freude, mit denen die Kinder in die Schule kommen, aufrechtzuerhalten und weiter zu fördern. Mein Ansatz ist deshalb: Jeder Tag sollte Spaß machen und besonders sein! Das heißt auf keinen Fall, dass alles lustig und Lernen immer leicht ist. Häufig sage ich den Kindern, dass Lernen sehr anstrengend und auch nicht immer spannend sein kann. Sicher wird es immer wieder Tage geben, die Sie am liebsten streichen würden, an denen Sie genervt nach Hause kommen. Aber es geht um eine grundsätzliche Einstellung zum Lebensraum Schule und dem täglichen Miteinander. Ich hoffe, Ihnen diese Freude und Motivation dafür in diesem Buch vermitteln zu können. Immerhin verbringen Sie und die Schülerinnen und Schüler einen großen Teil ihrer verfügbaren Zeit in der Schule.

Das Buch ist in drei Teile gegliedert. Im ersten Teil gebe ich organisatorische Hinweise zu allem, was vor dem eigentlichen Schulstart wichtig ist – diese sind für Sie besonders interessant, wenn Sie eine erste Klasse übernehmen. Allerdings finden Sie hier auch allgemeine Anregungen, die genauso für das zweite Schuljahr nützlich sind. Hierzu gehört insbesondere das Einrichten des Klassenraumes.
Im zweiten Teil finden Sie grundsätzliche Ideen und Tipps für die ersten zwei Schuljahre. Einen Schwerpunkt bildet dabei die in diesen Klassenstufen so wichtige Kommunikation mit den Eltern.
Im dritten Kapitel wird beschrieben, wie Sie Ihren Arbeitsalltag zwar einerseits ritualisieren, er dabei aber andererseits trotzdem oder gerade deshalb interessant und abwechslungsreich bleibt.
Orientierungshilfen sowie eine Übersicht über die Kopiervorlagen und ein Stichwortverzeichnis am Ende des Buches sollen Ihnen die Arbeit erleichtern.

Die meisten Ideen und Tipps entstammen meiner Arbeit mit einer jahrgangsgemischten ersten und zweiten Klasse. Jahrgangsübergreifend zu unterrichten kann in den ersten Jahren einen stark erhöhten Arbeitsaufwand mit sich bringen, weil ein neues Konzept entwickelt und neue Unterrichtsentwürfe erstellt werden müssen. Nicht anders ergeht es Ihnen aber, wenn Sie Ihren Unterricht der Zeit anpassen und z. B. in veränderten Arbeitsformen wie Tagesplan oder Lernbuffet arbeiten. Ist dies jedoch geschafft, hat das jahrgangsübergreifende Arbeiten, insbesondere im Anfangsunterricht, aus meiner Sicht durchaus seine Vorteile – sowohl für Sie als Lehrer als auch für die Schüler.
Regeln und Rituale werden quasi von selbst weitergegeben, da ein Teil der Schüler diese schon verinnerlicht hat. Die erfahrenen Schüler sind begeisterte Helfer und Unterstützer für die Neuankömmlinge. Diese wollen natürlich möglichst schnell wie die „Großen" sein, orientieren sich an ihnen und lernen durch sie. Insbesondere zum Schuleinstieg sind die Leistungsunterschiede aufgrund der verschiedenen Vorerfahrungen und Hintergründe besonders groß. Leis-

tungsstarke Kinder können in jahrgangsgemischten Klassen von Beginn an sehr selbstständig arbeiten, so dass Sie mehr Zeit für leistungsschwächere haben. Auch eine Zurückstellung oder das Überspringen einer Klassenstufe verläuft einfacher, da das Kind immer bei einem Teil der bekannten Lerngruppe bleibt. Die Peinlichkeit, zum zweiten Mal eingeschult zu werden entfällt.
An vielen Stellen des Buches finden Sie konkrete Hinweise, wie Sie Jahrgangsmischung und Niveauunterschiede produktiv nutzen und den Aufwand überschaubar halten können.

Nutzen Sie das Buch als Werkzeug, und verändern Sie die Ideen nach Ihren eigenen Bedürfnissen und Vorlieben. Seien Sie mutig und finden Sie Ihren Stil. Lassen Sie sich beim Ausprobieren Zeit und lassen Sie Fehler zu! Nur dann ist Unterricht im Fluss, und nur so kann eine neue Art von Unterricht entstehen.

Ich wünsche Ihnen viel Spaß beim Lesen und Ausprobieren sowie Erfolg beim spannendsten und schönsten Beruf der Welt!

Alexandra Ferrarÿ

P.S.: Aus Gründen der besseren Lesbarkeit wird in diesem Buch im Folgenden durchgehend die männliche grammatische Form verwendet. Natürlich sind damit auch immer Frauen und Mädchen gemeint, also Lehrerinnen, Schülerinnen usw.

1 Bevor es losgeht

Eine Besonderheit bei der Übernahme einer ersten Klasse liegt darin, dass die Planung dafür sehr frühzeitig, schon im zuvor laufenden Schuljahr, beginnen muss. Meist fällt die Planungsphase in eine Zeit, in der man sehr intensiv mit der aktuellen Klasse oder sogar Klassen beschäftigt ist: Letzte Zensuren müssen gesammelt und Zeugnisse geschrieben werden. Eventuell stehen Versetzungs- oder Übergangsgespräche an. Auch Abschlussfeste, Projekttage, Schulfeste oder sogar Klassenfahrten finden häufig in dieser Zeit statt.
Um sowohl der aktuellen Klasse als auch der zukünftigen gerecht zu werden, ohne sich dabei zu überlasten und in Zeitnot zu geraten, kann ein Ordner mit den wichtigsten Abläufen, Checklisten und Kopiervorlagen zusammengestellt werden, auf die insbesondere bei Elternabenden sowie bei der Einschulung immer wieder zurückgegriffen werden kann. Dadurch verringert sich der Aufwand um ein Vielfaches.

1.1 Die aufgeregten Eltern

Meist sind die Eltern aufgeregter als die Schüler selbst, denn jeder möchte die optimale Zuwendung und maximale Förderung für sein Kind. Stimmt das Erziehungskonzept der Eltern mit dem der Lehrer überein? Bekommt das Kind nette Klassenkameraden? Was wird über die Schule oder den Lehrer erzählt?
Nicht selten bekommen Lehrer diese Unsicherheit in Form von (unterschwelliger) Aggression oder Misstrauen zu spüren. Versuchen Sie deshalb, offen und freundlich auf Eltern zuzugehen und ihnen diese Unsicherheit zu nehmen. Vermitteln Sie ihnen, dass auch Sie für jedes Kind das Beste wollen, neben dem Individuum jedoch auch an die Gruppe denken müssen. Nehmen Sie Anliegen ernst, bleiben Sie jedoch Ihren Prinzipien und Ihrem Handeln treu.
Konkrete Tipps zur Kommunikation mit Eltern erhalten Sie im Kapitel „Kommunikation mit den Eltern“ (siehe S. 23).

Klassenzusammensetzung

Bereits mit der Anmeldung der Schüler an der Schule muss die Planung für die erste Klasse beginnen. Zwar erfolgt die Zusammensetzung der Klassen meist durch das Sekretariat und/oder die Schulleitung, dies ändert sich jedoch, wenn Eltern mit Wünschen bezüglich einer gewissen Lehrkraft oder Freundeskonstellationen der Kinder an Sie herantreten. Ich denke, es spricht vonseiten der Planer nichts dagegen, im Voraus angekündigten Elternwünschen zu entsprechen, wenn diese organisatorisch umsetzbar sind. Verweisen Sie jedoch immer darauf, dass eine Zusage nur unter Vorbehalt gegeben werden kann und kein Anspruch auf eine Wunschklasse oder -konstellation besteht. Als Lehrer ist es außerdem sinnvoll, den Eltern zu erklären, dass diese Entscheidungen letztlich nicht von Ihnen getroffen werden und somit auch nicht in Ihren Kompetenzbereich fallen. Dies ist besonders wichtig, wenn Elternwünsche erst nach Festsetzung der Klassen, z. B. im Anschluss an den nullten Elternabend, geäußert werden. Ich rate allerdings dazu, dass ein Tausch der Klasse, insbesondere nach Bekanntgabe der Zusammensetzung nur in begründeten Sonderfällen durch die Schulleitung vollzogen werden sollte.

Schüler- und Elternhospitationen

Mit zunehmender Autonomie und Profilierung der einzelnen Schulen wird es für Eltern schwieriger, die richtige Wahl für das Kind zu treffen und sich zu entscheiden. Dementsprechend haben in den letzten Jahren Anfragen für Eltern- oder Schülerhospitationen zugenommen.

Ich stehe Einzelhospitationen, insbesondere durch Kinder, skeptisch gegenüber. Eine Elternhospitation kann für viel Unruhe im Unterricht sorgen, insbesondere, wenn die Vorgehensweise sich herumspricht und viele Eltern von dem Angebot Gebrauch machen wollen. Darüber hinaus denke ich, dass der Unterricht stark von der Lehrerpersönlichkeit und den damit verbundenen Methoden und Ritualen geprägt ist. Eltern sehen also nicht vorrangig die Arbeit der Schule, sondern einer bestimmten Klasse. Damit ist die Hospitation nicht repräsentativ und kann später zu Unmut führen, wenn eine andere Lehrkraft anders arbeitet als beobachtet oder wenn ein spezieller Lehrerwunsch nicht berücksichtigt werden kann.

Als noch problematischer empfinde ich die Hospitation eines einzelnen Kindes, da die Situation eine völlig andere als zum Schuleintritt ist: Das jüngere Kind kommt in eine gefestigte Lerngruppe und nimmt an einem Programm teil, dessen Abläufe, Regeln und Rituale es nicht kennt und das (oft) sein Lernniveau übersteigt. Welche Alternative hat es, wenn ihm das Gesehene nicht gefällt? Im schlimmsten Fall kann eine solche Hospitation kontraproduktiv wirken und Schulängste hervorrufen.

Dennoch halte ich es für wichtig und sinnvoll, dass eine Schule sich öffnet und Konzeptionen und Schulleben transparent gestaltet. Dies sollte jedoch im Rahmen von Infotagen und/oder Schulfesten geschehen.

Kita-Hospitationen

In einigen Bundesländern sind Kooperationen zwischen Kitas und Schulen vorgeschrieben. Es ist auf jeden Fall sinnvoll, Kitas in Schulnähe zu kennen, um sich über Erfahrungen und Erwartungen auszutauschen.

Eine Kooperation sollte sich durch gegenseitige Besuche auszeichnen. Der Besuch der Kitagruppe in der Schule bietet sich im letzten Drittel eines Schuljahres an. Die Gruppe sollte dann aus Kindern bestehen, die im Sommer eingeschult werden und nicht mehr als sechs bis acht Kinder umfassen, je nachdem, wie viele die Klasse „verkraftet". Am besten, Sie planen eine Doppelstunde für den Besuch ein.

Eine solche Hospitation hat den Vorteil, dass die Kinder in ihrer vertrauten Lerngruppe bleiben und sich Lehrer und Erzieher besser auf den Besuch vorbereiten können. Es kann eine gezielte Vor- und Nachbereitung erfolgen.

Kita-Hospitation: Ablaufplan

CD KV 1

Kita-Hospitation: Ablaufplan KV 1

Dauer insgesamt: eine Doppelstunde (ca. 90 Min.)

Wie lange?	Was?
ca. 20 Minuten	■ Begrüßung der Gruppe ■ Schulkinder erzählen von der Schule, nennen die wichtigsten Regeln (leise sein und melden) ■ Schulkinder beantworten Fragen
ca. 10 Minuten	■ gemeinsames Üben eines Liedes oder ■ gemeinsames Spiel spielen
ca. 5 Minuten	■ Übernahme von Patenschaften: Zwei bis drei Schüler kümmern sich um ein Kindergartenkind
kurze (Frühstücks-)Pause	
ca. 10 Minuten	■ Paten zeigen ihrem jeweiligen Patenkind den Klassenraum, stellen wichtige Arbeitsmaterialien vor
ca. 25 Minuten	■ Paten bearbeiten mit den Kita-Kindern eine (für sie vom Lehrer vorbereitete) Wochenplanaufgabe, z. B. ein Arbeitsblatt zur Wahrnehmung *In dieser Phase haben Sie als Lehrer Zeit, die Kita-Kinder zu beobachten und gegebenenfalls Auffälligkeiten festzustellen. Die Erzieher bekommen einen Einblick, wie Sie arbeiten und können die Kinder eventuell darauf einstellen.*
ca. 5 bis 10 Minuten	■ kurze Auswertung („Wie hat es euch gefallen? Worauf freut ihr euch? …) ■ Verabschiedung ■ eventuell im Anschluss noch gemeinsame Hofpause

Infotag

An einem Infotag können Interessierte einen Einblick in das schulische Leben, das pädagogische Konzept und die genutzten Materialien erhalten. Um einen möglichst repräsentativen Eindruck zu vermitteln, sollten die verschiedenen am Schulleben beteiligten Personen anwesend und ansprechbar sein: Neben der Schulleitung und den Lehrkräften verschiedener Klassenstufen sollten auch einige Schüler und Eltern ihre Schule präsentieren. Daneben sollten sich vernetzte Angebote, wie Hort, Schulstation, kooperierende Einrichtungen sowie eventuell die Mensa vorstellen können.

Infotag: Ablaufplan, Checkliste

CD KV 3

Infotag: Ablaufplan KV 2

Zeitlicher Rahmen: Am besten wochentags von 14 bis 17 Uhr oder samstags von 10 bis 13 Uhr.

Inhaltlicher Schwerpunkt: Der Interessenschwerpunkt der meisten Besucher liegt auf der Schulanfangsphase sowie auf dem Grundkonzept der Schule. Der Infotag soll dazu dienen, sich einen Gesamteindruck zu verschaffen.

Wer?/Wo?	Was?
Sekretär und Helfer	Zentraler Infostand mit Schulbroschüre, Leitbild, Infos zu den Angeboten der Schule, Anmeldefristen. ■ Nicht zu viele unwichtige Infos, keine Papierschlacht!
Schulleiter/Stellvertreter (wenn vorhanden: Teamleitung erste Klasse/Schulanfangsphase)	Stündlich eine ca. 20-minütige Vorstellung der Schule in der Aula oder im Mehrzweckraum. ■ Powerpoint-Vortrag, Darstellung des Leitbildes, des Schulprofils sowie das Wichtigste zum Schwerpunkt „Schulanfang"; anschließend Fragerunde.
Sportlehrer (oder siehe Hort)	Kinderbetreuung in der Turnhalle. ■ freies Spiel mit Bällen, Rollbrettern, Pedalos, Seilen, Tüchern oder Spiele, in denen ein Ein- und Ausstieg jederzeit möglich sind (Schwungtuch, einfache Stationen …).
Klasse 1/2 ■ einzelne Klassenräume (nicht alle!) ■ mindestens zwei Lehrkräfte/Erzieher gleichzeitig (Damit der Überblick über den Raum und die Materialien gewährleistet ist, während Gespräche geführt werden können und damit verhindert wird, dass Spiele oder Schülermaterialien beschädigt oder bekritzelt werden.)	Präsentation von Materialien, Arbeitsergebnissen und Methoden. ■ Klassenraum 1: Präsentation der Arbeit mit dem Wochenplan. Wie sieht ein Wochenplan aus? Wie funktioniert er? Welche Materialien stehen den Schülern zur Verfügung? ■ Klassenraum 2: Buchstabenfest. Einführung eines neuen Buchstabens mithilfe von Stationen (Buchstabentisch, Pfeifenputzer, Nachspuren im Sand, stempeln, kneten …). ■ Klassenraum 3: Vorstellung ausgewählter Arbeitsmaterialien wie Tagebuch, Portfolio, Rechtschreibkartei und Lernspiele sowie von Arbeitser-

1.2 Der nullte Elternabend

An den meisten Schulen ist es üblich, noch vor den Sommerferien den sogenannten nullten Elternabend durchzuführen. Hier erhalten die Eltern der einzuschulenden Kinder alle nötigen Informationen über die Schule. Soweit die Besetzung der Klassen schon feststeht, lernen sie außerdem die zukünftigen Klassenlehrer kennen.
Um den Aufwand möglichst gering zu halten und eine größtmögliche Transparenz zu gewährleisten, ist es ratsam, dass dieser Elternabend für alle Anfangsklassen gleichzeitig stattfindet. Wenn möglich, sollte die Schulleitung den Elternabend eröffnen, alle Eltern gemeinsam in der Aula oder Turnhalle begrüßen und über Grundlegendes zum Schulanfang sowie zum Ablauf der Einschulungsveranstaltung informieren. Anschließend wird das Pädagogenteam, d. h. Klassenlehrer, eventuell auch Fachlehrer und Erzieher oder weitere Mitarbeiter, die direkt in der Klasse mitarbeiten, vorgestellt. Um den Abend abwechslungsreicher zu gestalten, kann dieses Team nun die weitere Moderation übernehmen. Dazu werden die Informationen vorher in verschiedene Themenblöcke unterteilt, die von unterschiedlichen Kollegen vorgestellt werden. Nach jedem Themenbereich können die Eltern Fragen stellen.

0. Elternabend: Ablaufplan

CD KV 4

0. Elternabend: Ablaufplan KV 4

Zeit	Was?	Utensilien	verantwortlich
30 min	Powerpoint-Präsentation über die ersten Klassen / Anfangsphase	■ Computer ■ Beamer ■ Leinwand ■ Präsentation	Jahrgangsleitung
15 min	Begrüßung der Eltern ■ allgemeine Worte zum Schulanfang ■ Hinweise zur Einschulung (Datum, Uhrzeit, Ablauf) ■ Vorstellung des Teams (Lehrer, Erzieher, gegebenenfalls Horterzieher)		Schulleitung
15 min	Allgemeines zum Schulbesuch ■ Hinweise zum gemeinsamen Bildungsauftrag und Schulpflicht (Pünktlichkeit, Verhalten bei Krankheit, Kontrolle der schulischen Arbeiten) ■ Information über die Lernziele ■ kurze Vorstellung der Arbeitsformen und -techniken		Jahrgangsleitung/ Klassenlehrer
20 min	Vorstellung der Unterrichtsmaterialien ■ Schulbücher zeigen ■ Materialliste vorstellen (eventuell in Form eines Films)	■ Beispielmaterialien/Ansichtsexemplare	Klassenlehrer

Allgemeines zum Schulbesuch

Hierzu gehören Informationen zu Schulpflicht, Pünktlichkeit, Entschuldigung im Krankheitsfall, Beurlaubungen sowie die Verantwortlichkeit für die Anfertigung von Hausaufgaben.
Es kann außerdem sinnvoll sein, exemplarisch den Stundenplan und Tagesablauf vorzustellen, da durch vorfachlichen Unterricht, Klassenleiterprinzip und Rhythmisierung nicht unbedingt für die Eltern erkennbar ist, zu welchem Zeitpunkt welcher Lernbereich unterrichtet wird. In diesen Block passen auch eine (wirklich nur kurze) Vorstellung der Arbeitsformen und -techniken sowie ein Überblick über grundlegende Lernziele. Sind bereits zu viele Informationen

geflossen, sollte dieser Teil lieber auf dem ersten Elternabend nach Schuljahresbeginn erläutert werden.

Unterrichtsmaterialien

Ein Kollege stellt Bücher und Arbeitshefte vor, klärt darüber auf, welche Bücher gekauft und welche von der Schule bezogen werden. Im Anschluss daran werden alle Arbeitsmaterialien gezeigt, die sich auf der später ausgeteilten Materialliste finden.
Eine etwas aufwändige, aber durchaus lohnende Variante kann sein, einen kurzen Film zu drehen, in dem die Schüler ihre Materialien zeigen und beschreiben. Neben einem hohen Informationsgehalt bietet der kurze Film viele Augenblicke zum Schmunzeln und damit eine willkommene Auflockerung der mündlichen Vorträge. Außerdem gibt er einen Einblick in das schulische Leben und Arbeiten.

Organisatorisches

Es kann sinnvoll sein, die folgenden Themen nicht im Rahmen der Gesamtveranstaltung zu besprechen, sondern dafür in die entsprechenden Klassenräume zu gehen – es hängt davon ab, wie stark die Klassen zusammenarbeiten.
An dieser Stelle wird alles, was für die ersten Schulwochen relevant ist, angesprochen. Hierzu gehören ebenso der Verweis auf den ersten Elternabend mit der Wahl der Elternvertreter, als auch das Einsammeln verschiedener Gelder (Klassenkasse, Büchergeld, eventuell Klassenfahrschein, Klassen-T-Shirt …). Außerdem wird die Anwesenheitsliste herumgegeben, auf der auch Einverständniserklärungen z. B. zur Veröffentlichung der Adressen auf der internen Klassenliste oder von Fotos gegeben werden.
Zum Abschluss wird den Eltern die Postmappe vorgestellt und verteilt: Hierbei handelt es sich um eine farblose Dokumentenmappe mit Klettverschluss, in die ein gelbes Blatt mit Postzeichen und Klassenemblem gelegt wird. Diese Mappe ist vom ersten Schultag an für den Briefverkehr zwischen Elternhaus und Schule gedacht und sollte jeden Tag „geleert", also überprüft werden.
Am nullten Elternabend wird sie bereits mit folgenden Informationen befüllt übergeben:

- Materialliste
- Bücherliste
- Brief des Lehrers an die Schüler
- Hausarbeit für die Schüler (Arbeitsblatt zur Selbstdarstellung)
- Stundenzeiten (Schulanfang und -ende, Pausenzeiten)
- Einladung für die Einschulung (eventuell mit Eintrittskarten bei begrenztem Platzangebot in der Aula)
- eventuell schul- oder landespezifischen Broschüren
- bei privaten Schulen eventuell schulvertragliche Dinge (Hortvertrag usw.)

Auf diese Weise erhalten alle Eltern die Informationen geordnet und gebündelt. Fehlenden Familien kann das Materialpaket zugeschickt werden.

Elternabend: Anwesenheitsliste, Postmappe: Unterlagen, Einschulung: Einladung

Elternabend: Anwesenheitsliste KV 5

Anwesenheitsliste für den ____ Elternabend der Klasse ______

am ________________, um _________ Uhr.

Unterschrift der/des Erziehungsberechtigten	Ich kann bei Bedarf vormittags (z. B. bei Ausflügen/Projekten) helfen	Einschulungs-DVD (____,-€)	Teilnahme am Klassenfahrschein (____,-€)

CD KV 5

CD KV 6

CD KV 7

1.3 Das Einrichten des Klassenraumes

Häufig wird die Anordnung der Tische sowie das Einrichten des Klassenraumes durch das vorgegebene Platzangebot sowie vorhandenes Mobiliar bestimmt. Dennoch bestehen unterschiedliche Möglichkeiten, eine positive Lernatmosphäre zu schaffen. Um den Schülern für ihre Aufgaben Rückzugsmöglichkeiten und Anregungen zu einzelnen Lerngebieten zu geben, sollte der gesamte Raum klar strukturiert und in variable Bereiche aufgeteilt sein.
Bleiben Sie dabei flexibel. Vielleicht ist es sinnvoll, die Raumaufteilung in den ersten Schulwochen anders zu gestalten als z. B. im zweiten Schuljahr. Eine Dynamik, in der sich der Raum parallel zur Entwicklung der Schüler entwickelt, ist wünschenswert.

Die Anordnung der Tische

Heute findet man, gerade in Grundschulen, kaum noch Klassen, in denen die Tische voneinander getrennt in geraden Reihen zur Tafel stehen. Meist werden Gruppentische gebildet oder die Tische stehen in einer U-Form, manchmal durch Mitteltische ergänzt. Dementsprechend sollten Sie in Bezug auf die Sitzordnung Ihre eigene Variante finden, die durchaus veränderbar sein kann. Beachten Sie dafür die folgenden Tipps:

- Jeder Schüler sollte einen festen Platz haben.
  Sie würden sich wahrscheinlich auch nicht wohlfühlen, wenn Sie jeden Tag an einem anderen Schreibtisch arbeiten müssten. Das bedeutet nicht, dass Schüler immer an ihrem Platz bleiben müssen, aber der feste Sitzplatz ist die Basis, zu der ein Schüler immer wieder zurückkehrt. Für Stationslernen, Gruppenarbeiten oder andere Arbeitsformen können die Sitzpositionen natürlich vorübergehend verändert werden.
- Der Arbeitsplatz ist die Werkstatt einer Aufgabe. Die Qualität der Arbeit hängt sehr stark von der Werkstatt ab, in der sie ausgeführt wird.

Überlegen Sie, in welchen Arbeitsformen Sie vorrangig arbeiten, und schaffen Sie dementsprechende „Werkstätten“: Für Einzelaufgaben sollten ruhige Plätze, an denen die Schüler nicht abgelenkt sind, zur Verfügung stehen. In vielen Montessori-Einrichtungen stehen deshalb die Regale in der Mitte des Raumes, während die Tische den Wänden zugewandt sind. Zuerst erscheint die Vorstellung fremd, dass ein Kind gegen die ca. 80 cm entfernte Wand schaut. Bedenkt man aber die Stellung des privaten Schreibtisches, blicken viele zum ungestörten Arbeiten zur Wand oder zum Fenster hinaus.

- Für Partner- oder Gruppenarbeiten sollten die Tische leicht umstellbar sein, sodass sie genügend Platz zum Arbeiten bieten.
  Für platzaufwändige Arbeiten und zum Spielen bietet es sich an, den Fußboden, und, wenn möglich, Flur oder Teilungsräume, mitzubenutzen. Dazu können einige zusammengerollte Teppiche (ca. 80 × 150 cm) in einer Ecke bereitstehen, die sich die Kinder nehmen dürfen.
- In U-Form gestellte Tische bieten die Möglichkeit, sehr schnell einen Sitzkreis in der Mitte zu bilden oder sich sogar zur Kreisbildung nur auf die Tische zu setzen.
  Permanente Gruppentische bieten in meinen Augen keine gute Lösung, da Unterricht in der Regel durch viele Einzelarbeits- und Partnerphasen gekennzeichnet ist, die einen ruhigen Arbeitsplatz verlangen. Stellen Sie sich vor, für eine Lehrerkonferenz stehen die Tische in Gruppenform. Ich denke, die Atmosphäre wäre unruhiger als bei anderen Tischformen. Jeder wird so schneller zum Reden mit den Nachbarn angeregt. Wie sollen es da Fünf- bis Achtjährige schaffen, sich auf ihre eigene Aufgabe zu konzentrieren?
- Nicht nur die Schüler benötigen einen gut eingerichteten Arbeitsplatz.
  Auch Sie als Lehrer haben natürlich einen Tisch, an dem Sie arbeiten und der einen nicht unerheblichen Teil des Raumes einnimmt. Da Sie wahrscheinlich während der Interaktion mit den Kindern im Unterricht nahezu nie am Schreibtisch sitzen, kann es sinnvoll und platzsparend sein, diesen ebenfalls zur Wand oder zum Fenster auszurichten.

Die Raumaufteilung

Um den Schülern Orientierungshilfen zu bieten und sie zur Selbstständigkeit anzuregen, ist es wichtig, dem Raum eine klare Struktur zu geben. Dies kann durch thematisch gestaltete Bereiche geschehen. Die ersten vier im Folgenden beschriebenen Bereiche habe ich dauerhaft in meinem Raum für die Schulanfangsphase eingerichtet. Mit den anderen arbeite ich je nach Themengebiet temporär. Zusätzlich sollte immer ein Raumteil so frei sein, dass mit wenigen Handgriffen ein Stuhlkreis für Diskussionen, Morgenkreise oder ein Plenum gestellt werden kann.

Materialablage

Insbesondere in geöffneten Arbeitsformen wie Tages- oder Wochenplan, Lerntheke oder -buffet sind Ablagemöglichkeiten für Materialien, die die Schüler nutzen können, wichtig. Hierfür eignet sich ein halbhohes Regal oder ein Schrank. Im unteren Teil können die Schüler ihre Bücher und eigene Materialien (z. B. für den Kunstunterricht) lagern.

Lese- und Schreibecke

Um das Lesen und kreative Schreiben zu fördern, sollte es eine Ecke geben, in der eine kleine Bibliothek sowie Materialien für kreatives Schreiben (z. B. Briefpapier, Fotos, Postkarten, Bildgeschichten, Stempel, Schablonen) verfügbar sind. Die Bücher sollten nach Themengebieten farblich markiert werden, damit sich die Schüler orientieren und die Bücher selbstständig zurückstellen können. In der Leseecke stehen außerdem zwei große Kisten: In die eine Kiste legen die Schüler das Buch, das sie gerade in der Lesezeit (siehe S. 75) lesen.

Bücher, die in dieser Kiste liegen, dürfen nicht von anderen Kindern genommen werden. In der zweiten Kiste lagern die in der Bücherei ausgeliehenen Bücher (siehe S. 59). Dies erleichtert das Wiederfinden, wenn die Bücher zurückgegeben werden müssen und separiert sie vom Eigenbestand der Klasse. Ist Platz vorhanden, bietet es sich an, außerdem einen Arbeitsplatz, einen CD-Player (mit Kopfhörern) sowie eine Rückzugsmöglichkeit (z. B. kleines Zelt, Sofa oder einige Kissen) zum Lesen bereitzustellen.
Eine preiswerte Grundausstattung an Büchern gibt es beim Verlag an der Este. Dort finden Sie konkrete Pakete für verschiedene Klassenstufen und erhalten für Klassenbibliotheken teilweise Rabatte. Nehmen Sie am Programm „Gänsefüßchen" teil, erhalten Sie außerdem weitere kostenlose Bücher. Ich schaue häufig auf Kinderflohmärkten nach preiswerten gebrauchten Büchern für Leseanfänger (siehe auch S. 50).

Computerecke

Meiner Ansicht nach ist es bereits zu Beginn der Grundschulzeit wichtig, den Computer als Arbeits- und Recherchemittel einzubinden. Deshalb sollte mindestens ein Computer, möglichst mit Internetanschluss und Drucker für die Schüler verfügbar sein. Der Computer kann von den Schülern allein oder zu zweit zu Recherchezwecken, zum Schreiben oder für Lernspiele genutzt werden. Er sollte unbedingt mit Kopfhörern ausgestattet sein, um andere Lernende nicht abzulenken. Es sollten grundlegende Lernspiele installiert sein, jedoch ist es für die Übersichtlichkeit von Vorteil, wenn die Auswahl begrenzt ist.
Wichtig ist, dass Ihnen die Inhalte der Lernspiele vertraut sind. Die Struktur des Ordnerbaumes sollte für die Schüler durchschaubar sein. Ich integriere die Arbeit mit dem Computer regelmäßig in den Wochenplan und begrenze die Zeit pro Schüler.

Bau- und Spielecke

Kinder lernen vorrangig durch das Spiel. Speziell soziale Kompetenzen werden im gemeinsamen Spiel aufgebaut und gefördert. Regelverhalten wird geübt und die Möglichkeit, in verschiedene Rollen zu schlüpfen gegeben. Deshalb finde ich es wichtig, dass auch in der Schule, insbesondere in den ersten Schuljahren, Raum und Möglichkeiten zum Spielen eingeplant werden.
In der Bau- und Spielecke sollten neben Bauklötzen Gesellschafts- und Lernspiele sowie Materialien für Rollenspiele, z. B. Handpuppen, eine Waage und eine Kasse vorhanden sein.

Experimentierecke

Zusätzlich oder alternativ zur Bau- und Spielecke kann es eine Experimentierecke geben. Dort werden Versuche aufgebaut, die zum Unterrichtsthema passen oder Bücher ausgestellt, die die Schüler mitgebracht haben. Die Ecke kann frei genutzt oder in die Planarbeit integriert werden.
In der Experimentierecke können außerdem Materialien oder Werkzeuge wie Mikroskop, Lupen, Spiegel und Maßbänder zur Durchführung eigener kleiner Experimente aufbewahrt werden. Auch Experimentierbücher und Karteikarten gehören in diese Ecke.

Themen- oder Präsentationstisch

Hierbei handelt es sich um einen Raumteil oder Tisch, der zum jeweiligen Unterrichtsthema gestaltet wird: Zum Thema „Bäume" könnten dort z. B. von den Schülern mitgebrachte Bücher, verschiedene Borken und Blätter, Fotos oder Früchte der Bäume ausgestellt werden. Zum Thema „Märchen" bringen die Schüler Symbole aus Märchen und verschiedene Märchenbücher mit.
Die Ausstellung wird gemeinsam von Schülern und Lehrern gestaltet und soll zur intensiven und individuellen Beschäftigung und Vertiefung mit dem Thema einladen. Sie kann zu Beginn der Einheit, währenddessen oder auch als Abschluss entstehen.
Ebenfalls denkbar ist ein Aquarium oder Terrarium mit temporär gehaltenen Tieren oder Pflanzen, z. B. Schnecken, Kaulquappen, Raupen oder Bohnenkeimlingen.
Auch wenn es selbstverständlich klingt, ist immer wieder darauf hinzuweisen: Themen- oder Präsentationsbereiche sind nur dann sinnvoll, wenn sie regelmäßig genutzt werden. Ich habe es schon häufig beobachtet, dass Themenecken oder auch Materialien zum individuellen Arbeiten vorhanden sind, der Unterrichtsablauf aber weder Zeit noch Raum für Schüler bietet, sich damit zu beschäftigen.

Die Materialanordnung

Für die gesamte Materialanordnung im Klassenraum gilt, dass die Struktur für die Schüler klar und erkennbar sein muss. Alle für die Schüler relevanten Materialien müssen selbstständig erreichbar und handhabbar sein. Die Schüler müssen in der Lage sein, selbst Ordnung halten und aufräumen zu können. Das bedeutet, dass Materialien nicht höher als in Augenhöhe der Schüler gelagert werden dürfen. Gerade in den unteren Klassen schränkt die Körpergröße das Platzangebot oft sehr ein. Die Regale dürfen nicht zu voll sein, da die Schüler sonst nicht in der Lage sind, die Materialien wieder an ihren vorgesehenen Platz zu stellen. Ferner werden Schüler kaum die unteren Materialien herausziehen.

Die Schränke und Regale sollten übersichtlich nach verschiedenen Fachbereichen unterteilt sein. Mithilfe von Symbolen und Farben erkennen die Schüler die Zugehörigkeit: Am Mathematikschrank könnte z. B. das gleiche Tier, das sonst durch das Lehrbuch führt, kleben.

2 Grundlagen legen – nicht nur für den Anfang!

Ab dem ersten Tag sollten Grundlagen gelegt, Rituale eingeführt und ein motivierender Alltag, in dem sich die Schüler zunehmend selbstständig zurechtfinden, aufgebaut werden. Denken Sie dabei daran: Weniger ist mehr! Überfordern Sie die Schüler nicht mit zu vielen Informationen, sondern entscheiden Sie, welche Dinge am nötigsten sind, damit die Selbstständigkeit gefördert und der Alltag effektiv gestaltet werden kann. Bedenken Sie, dass die Schüler völlig unterschiedliche soziale Hintergründe haben und im schlimmsten Fall bisher ihren Tagesablauf nie strukturieren mussten. Beginnen Sie daher kleinschrittig und halten Sie Ihre Anweisungen kurz. Ich habe die Erfahrung gemacht, dass es in der Regel mehrere Kinder gibt, die selbst mit ein- oder zweischrittigen Arbeitsanweisungen schon Probleme bei der Umsetzung haben („Nehmt den blauen Hefter aus der Schultasche." Nicht: „Nehmt den blauen Hefter aus der Schultasche, schlagt ihn auf, legt das Blatt, das ich austeile hinein und verstaut ihn wieder in der Mappe ...").
Nach und nach erwerben die Schüler mehr Selbstständigkeit und Orientierung. Dies ist der Zeitpunkt, an dem ein neues Ritual oder eine neue Regel eingeführt werden kann. Auf diese Weise werden in den ersten zwei Schuljahren alle Grundlagen gelegt, die die Schüler für ihre gesamte weitere Schulzeit benötigen. Je eindeutiger dies für die Schüler geschieht und je mehr Zeit Sie den Kindern zu Beginn lassen, Dinge kennenzulernen und Regeln zu verinnerlichen, umso nachhaltiger werden sie diese für die kommende Zeit nutzen und somit eigenständiger und zielstrebiger arbeiten können. Umso einfacher wird es auch für Sie in den darauffolgenden Schuljahren werden, weil die Schüler von Anfang an gelernt haben, sich zu organisieren und zurechtzufinden.

2.1 Der erste Schultag und die erste Schulwoche

Der erste Tag und die erste Woche sind gekennzeichnet vom Kennenlernen: Die Schüler lernen Sie kennen, sie lernen sich untereinander kennen, sie lernen den Klassenraum und das Schulgebäude und -gelände kennen, Regeln, Rituale und Abläufe des Schulalltages.
Es strömen eine Menge Informationen auf die Kinder ein. Reduzieren Sie diese so weit wie möglich, aber thematisieren Sie sie auch so umfassend wie nötig. Seien Sie geduldig mit den Kindern und sich selbst.
Ich habe gute Erfahrungen damit gemacht, den ersten Tag bereits so zu strukturieren wie die folgenden Tage.

Der erste Schultag

Morgenkreis

Starten Sie z. B. mit einem Morgenkreis wie Sie es in den kommenden Schuljahren an jedem Montag tun werden. Thematisieren Sie anschließend Datum und Tagesablauf, bevor es eine Frühstückspause gibt. Ausführliche Tipps zur Durchführung dieser Elemente finden Sie im Kapitel „Rituale: wichtige Orientierungshilfen“ (S. 39).

Kennenlernen

Zum Kennenlernen bieten sich unterschiedliche Namensspiele an. Da meiner Erfahrung nach „Schule“ für viele Kinder bedeutet, mit Arbeitsmaterialien, insbesondere Heften, zu arbeiten und ein sichtbares Ergebnis zu haben, versuche ich, am ersten Tag schon etwas schreiben zu lassen.
Zu Schuljahresbeginn bekommt jeder Schüler ein „Tagebuch“ geschenkt. Dabei handelt es sich um eine linierte Kladde im DIN-A5-Format. Kleben Sie auf die erste Seite ein Foto des jeweiligen Kindes. Diese Fotos können, genau wie ein Gruppenbild, bereits am Einschulungstag von Ihnen aufgenommen werden. Auf die nächste Seite sollen die Schüler das Gruppenfoto vom Einschulungstag kleben und anschließend möglichst viele Unterschriften ihrer Mitschüler sammeln. So kommen die Schüler untereinander ins Gespräch und lernen ihre Namen kennen (und schreiben). Achten Sie dabei auf eine angemessene Lautstärke im Raum. Neben der Wiederholung der Namen haben die Kinder auf diese Weise eine schöne, bleibende Erinnerung an die Einschulung.
Im Anschluss an diese ca. 20-minütige Phase bieten sich verschiedene Namensspiele an. Sicherlich kennen Sie viele Spiele, hier sind dennoch einige Ideen:

Namen-Kreuzwortpuzzle

Bereiten Sie auf einem weißen Blatt Papier die Namen der Schüler in Großbuchstaben vor – einmal im Hochformat (Buchstaben untereinander) und einmal im Querformat.
Die Schüler sitzen im Halbkreis. Jeder der Schüler bekommt seine zwei Namensschilder. Ein Schüler mit langem Namen beginnt und legt sein Schild in die Mitte des Halbkreises. Nun sucht der nächste Schüler einen gemeinsamen Buchstaben und legt eines seiner Schilder an. Ganz nebenbei entsteht so aus den einzelnen Namen ein Gesamtbild der Klasse, ein Kreuzwortpuzzle. Es kann anschließend als Plakat aufgehängt werden.

Mein rechter, rechter Platz ist leer, ich wünsche mir Sarah als Känguru her

Das Spiel wird grundsätzlich nach den klassischen Regeln gespielt: Derjenige, dessen rechter Platz frei ist, wünscht sich einen neuen Partner. In dieser Spielvariante wird jedoch noch ein Tier hinzugefügt. Das den Platz wechselnde Kind muss sich während des Platzwechselns wie das gewünschte Tier bewegen.

Ich bin Joshi und mag gern Judo

Dieses Spiel ist etwas anspruchsvoller, da bereits mit dem Anlaut des Namens gespielt wird und ein hohes Maß an Konzentration nötig ist. Es ist eine Variante des bekannten Spiels „Ich packe meinen Koffer“.
Die Kinder sitzen im Kreis. Ein Kind beginnt, indem es einen Satz mit seinem Namen und etwas, das es gerne mag, bildet. Das Nachbarskind muss nun den Satz wiederholen und dann einen eigenen Satz hinzufügen. Das dritte Kind

wiederholt dann die Sätze der beiden Vorgänger und formuliert einen eigenen usw. In großen Klassen mit einem weiteren Erzieher bietet es sich an, die Klasse zu teilen und mit zwei Gruppen, die an verschiedenen Stellen im Raum im Kreis sitzen zu spielen.
Als einfachere Variante kann nur jeweils der Satz des Nachbarn wiederholt und ein eigener hinzugefügt werden. Dadurch verkürzt sich auch die Spielzeit.

Ball zuwerfen
Vom Aufbau her einfach, aber bei Schülern sehr beliebt, ist ein simples Zuwerfen eines Balles. Die Schüler stehen im Kreis. Ein Kind sagt den Namen eines anderen Kindes und wirft diesem einen Ball oder Schaumstoffwürfel zu. Das gerufene Kind fängt den Ball und darf nun ein neues Kind rufen, dem es anschließend den Ball zuwirft. In der nächsten Runde kann man versuchen, die gleiche Wurf-Reihenfolge beizubehalten und einen zweiten Ball ins Spiel zu bringen, der verzögert gestartet wird.
Auch bei diesem Spiel bietet sich eine Gruppengröße von etwa zwölf Personen an, d. h., am besten bilden Sie zwei Kreise. Das Spiel ist nicht nur zum Kennenlernen, sondern auch immer wieder zwischendurch als Auflockerung und Koordinationsübung geeignet.

Besichtigung der Schule

Abschließend steht am ersten Schultag die Besichtigung des Schulgebäudes an. Beschränken Sie sich dabei auf die wichtigsten Orte. Besprechen Sie mit der Klasse, welche Orte für die Schüler von besonderer Bedeutung sind und besichtigt werden sollten. Sammeln Sie die Vorschläge der Kinder an der Tafel und ergänzen Sie sie zum Schluss durch Ihre eigenen. Wichtige Orte sind z. B.:

- die Toiletten
- Teilungsräume
- das Sekretariat (Sekretärin vorstellen)
- der Schulhof und besondere Orte, wie Fußballplatz, Schulhofbegrenzung
- die Turnhalle
- schulspezifische Räume (z. B. Mensa, Sozialstation, Ruheraum, Hort)

Ziehen Sie am Ende des ersten Schultages noch einmal gemeinsam mit den Schülern ein Resümee, was sie schon gelernt haben. Anschließend erhalten die Schüler als Hausarbeit den Auftrag, am nächsten Tag einen Gegenstand zum „Buchstaben der Woche" mitzubringen. Mit einer kurzen Vorschau auf den neuen Tag, einem Abschlusslied (siehe „Rituale: wichtige Orientierungshilfen", S. 39) und der Verabschiedung, geht der erste Tag in der Schule zu Ende.

Die erste Schulwoche

Die meisten Schüler kommen hochmotiviert in die Schule. Sie wollen endlich lesen, schreiben und rechnen lernen. Sie wollen zeigen, was sie schon können. Nutzen Sie diese Motivation und versuchen Sie, sie so lange wie möglich aufrechtzuerhalten und immer wieder neu „herauszukitzeln".

Nichts ist langweiliger, als wenn in der ersten Schulwoche neben vielen organisatorischen Dingen, wie Klassenzimmer einräumen und Materialien austeilen nur gemalt wird. Deshalb geht es bei mir bereits am zweiten Schultag richtig los: Die Schüler lernen die ersten Zahlen und Buchstaben kennen.
Nachdem wir die mitgebrachten Materialien und Schulbücher eingeräumt und verstaut haben, beginnen wir mit dem „Buchstaben der Woche“ (siehe S. 73), einem Ritual, das sich durch das gesamte Schuljahr zieht. Im Mathematikbereich suchen wir nach Zahlen in der direkten Umwelt und schreiben unsere Lieblingszahl ins Tagebuch. Im Sachkundebereich lernen wir uns besser kennen, führen die ersten Klassenregeln ein und erstellen dazu ein Poster (siehe S. 37). In Kunst und Sport stehen ebenso gruppenbildende Aktionen wie eine gemeinschaftliche Kollage und Kooperations- und Kennenlernspiele im Mittelpunkt.

2.2 Einführung von Materialien

Insbesondere zu Schuljahresbeginn werden Sie und die Schüler von einer regelrechten Materialflut überwältigt: Es gibt eine Vielzahl neuer Schulbücher, die Materialien im Klassenraum sind den Schülern noch nicht bekannt. Besonders schwierig ist es im ersten Schuljahr, dieser Flut zu begegnen, da die Schüler sich weder im Raum auskennen, noch mit allgemeinen Materialien, die sie durch die gesamte Schulzeit begleiten (z. B. Hefte, Schnellhefter), vertraut sind.
Nehmen Sie sich Zeit zur Sortierung und Einführung der Materialien. Halten Sie Hefte und Bücher, die noch nicht benötigt werden (viele Schulbücher sind in A- und B-Teile unterteilt) vorerst zurück.
Trainieren Sie mit Schülern das Umsetzen von Arbeitsaufträgen, insbesondere in Bezug auf den Umgang mit Arbeitsmaterialien. Mir fällt immer häufiger auf, dass Kinder mit einfachen Aufträgen wie „Hole deinen roten Schnellhefter heraus.“ Probleme haben oder Rückfragen stellen („Den hier?“), obwohl es nur einen gibt. Lockern Sie den Unterricht auf, indem Sie eine zehnminütige Phase einbauen, in der Sie den Kindern Anweisungen geben, die diese umsetzen müssen. Dabei kann es sich um Aufgaben handeln, aufgrund derer die Kinder ihre Arbeitsmaterialien besser kennenlernen oder bei denen die Schüler einfach nur Spaß haben und auf diese Weise die Umsetzung von (mehrschrittigen) Arbeitsanweisungen üben, wie z. B.: „Stelle deinen Stuhl auf den Tisch, komm in den Stehkreis und halte dir deine Nase zu.“
Erliegen Sie nicht der Illusion, dass die Mehrheit der Schüler sich selbstständig mit unbekanntem Material auseinandersetzt oder die vorhandenen Schulbücher und Hefter erkennt. Selbst bei Materialien mit offensichtlichem Arbeitsauftrag höre ich häufig die Frage: „Was soll ich denn hier machen?“ Dementsprechend müssen Materialien strukturiert eingeführt werden.

Gemeinsam
Sie führen im Morgenkreis, Plenum oder frontal Material ein. Diese Vorgehensweise eignet sich besonders am Schuljahresanfang für die Einführung eines

neuen Lehrwerkes. Es sollte besprochen werden, welche Symbole es in dem Lehrwerk gibt und wie die Schüler damit arbeiten dürfen (z. B. eigenständig oder gleichschrittig). Wiederkehrende Aufgabenformate, wie z. B. „Spure nach!", „Ordne zu!", „Kreuze an!", „Lies!" oder „Verbinde!", werden besprochen und verinnerlicht. Erst wenn die Symbole und Techniken geläufig sind, sollte den Schülern erlaubt werden, eigenständig weiterzuarbeiten.

In Kleingruppen / einzeln
Sie erklären und spielen mit einer Lerngruppe oder einzelnen Schülern als Belohnung ein neues Lernspiel. Diese Gruppe kann später als Multiplikator für die anderen Schüler dienen. Die Motivation für weitere Schüler, ihre Arbeit zügig zu beenden und das Spiel von den anderen erklärt zu bekommen, ist sehr hoch.

Insgesamt ist es wichtig, dass Sie bezüglich der Materialien einen Grundsatz beachten: Nutzen Sie vorhandene Materialien und setzen Sie sie stets gezielt ein! Geben Sie den Schülern die Zeit und den Freiraum handelnd zu lernen! Eigenaktivität der Schüler benötigt mehr Zeit als ein frontaler Lehrervortrag. Gewähren Sie den Schülern diese Zeit – es wird sich auf Dauer sowohl für die Schüler als auch für Ihren Unterricht auszahlen!

2.3 Kommunikation mit den Eltern

Viele Lehrer sind auch Eltern.
Alle Eltern waren auch Schüler.
Viele Schüler werden Eltern.
Manche Schüler werden Lehrer.
Sollte es da keine Gemeinsamkeiten geben?
Reinhold Miller

Die Kommunikation mit den Eltern ist eines der schwierigsten Felder für Lehrer und wird leider in der Ausbildung viel zu wenig thematisiert. Nachfolgend zeige ich verschiedene Möglichkeiten zur Elternkommunikation und gebe Tipps zur Umsetzung.

Grundsätzliches zur Elternkommunikation

Ein spezifisches Merkmal der ersten zwei Schuljahre ist, dass die Schüler noch nicht selbstständig sind und zu Hause nur eingeschränkt ein Feedback geben können. Erschwerend kommt gerade am Anfang hinzu, dass sie auch noch nicht in der Lage sind, Informationen oder Nachrichten an die Eltern selbst aufzuschreiben. Dementsprechend sind ein regelmäßiges Feedback seitens des Lehrers sowie eine rechtzeitige Ankündigung von Sonderereignissen besonders wichtig. Je besser die Kommunikation mit den Eltern klappt, desto besser wird Ihr Verhältnis zu ihnen sein.

Das heißt jedoch nicht, dass jede Kleinigkeit dokumentiert werden soll und muss. Fordern Sie die Eltern auch auf, mit ihren Kindern ins Gespräch zu kommen und sich regelmäßig aus der Schule berichten zu lassen. Informieren Sie die Eltern zu Beginn darüber, dass Sie darauf hinarbeiten, dass die Schüler zunehmend Informationen selbstständig weitergeben. Dies kann in der Form geschehen, dass Sie z. B. für den ersten oder die ersten Bibliotheksbesuche einen Elternbrief mit Zeitraum und Ablauf verfassen, die Schüler aber nach dem ersten halben Jahr nur noch „Bibliotheksbesuch" am betreffenden Tag in ihrem Hausaufgabenheft vermerken, da sowohl Schülern als auch Eltern der Ablauf bereits vertraut ist.
Versuchen Sie, den Eltern auch klarzumachen, dass Ihnen größtmögliche Transparenz wichtig ist, die Zeit jedoch vorrangig für die direkte Arbeit mit den Kindern und nicht zur Elternkommunikation genutzt werden sollte. Dementsprechend bin ich der Meinung, dass Eltern nicht die private Telefonnummer des Lehrers erhalten sollten, sondern Gesprächstermine über das Mitteilungsheft oder das Sekretariat zu vereinbaren sind. Auch Ihr Arzt oder andere wichtige Personen sind nicht rund um die Uhr erreichbar und haben ihr Privatleben. So sollte es auch beim Lehrer sein.
Gut geeignet zur direkten Kontaktaufnahme ist die E-Mail, da Sie selbst entscheiden können, wann Sie sie abrufen und wann Sie Zeit finden, zu antworten. Richten Sie sich eine direkte Schuladresse ein. Viele Schulen haben auch eigene Schuladressen, bei denen Sie Ihr eigenes Konto bekommen. Allerdings möchte ich auch vor zu intensiver Mailnutzung warnen. Die E-Mail sollte ähnlich wie das Mitteilungsheft nur zur Übermittlung kurzer Nachrichten oder zur Versendung von Elternbriefen genutzt werden. Lassen Sie sich nicht dazu hinreißen, Gespräche über Schüler oder allgemeine Punkte, mit denen Eltern unzufrieden sind, per E-Mail zu klären. Auch wenn die Anfrage auf elektronischem Weg kam – vereinbaren Sie ein Gespräch! Dies hat erstens den Vorteil, dass auf Punkte sofort geantwortet werden kann und Missverständnisse und ein langes Hin und Her vermieden werden. Ansonsten kann es passieren, dass man Stunden mit dem Beantworten von E-Mails verbringt. Wertvolle Zeit, die für die Unterrichtsvorbereitung fehlt. Zweitens sieht man im direkten Gespräch Reaktionen und Emotionen des Gegenübers. Drittens kann nicht jedes Wort auf die Goldwaage gelegt werden, da nicht alles schriftlich festgehalten wird. Mir wurde einmal zum Vorwurf gemacht, dass ich in einer E-Mail meine Klasse als „bunten Haufen", ebenfalls in Anführungszeichen gesetzt, bezeichnet hatte. Seien Sie also insbesondere mit schriftlichen Formulierungen äußerst vorsichtig! Nutzen Sie das breite Band an Kommunikationsmöglichkeiten, überlegen Sie aber genau, für welche Art Sie sich entscheiden.

Mikrokommunikation

Einen Großteil an Informationen erhalten die Eltern bereits durch „Mikrokommunikation", d. h. kurze Rückmeldungen sowie Informationen, wie z. B. ein kurzes Lehrerfeedback unter einer Schülerarbeit, ein Stempel im Hausaufgabenheft („Hausaufgabe vergessen"), ein Lobaufkleber oder auch die regelmä-

ßige Rückmeldung auf dem Wochenplanzettel (siehe S. 69), aus der man entnehmen kann, wie der Schüler gearbeitet hat.
Für aufmerksame Eltern sind all diese Nachrichten ausreichend, um ein sehr präzises, realistisches Bild über das Sozial- und Arbeitsverhalten des Kindes zu erhalten. Leider übersehen aber auch einige Eltern diese Art der Kommunikation. Achten Sie auf Reaktionen und suchen Sie, wenn z. B. zum wiederholten Mal die Hausaufgabe fehlt oder nachlässig und unsauber gearbeitet wird, das Gespräch. Lassen Sie sich am Wochenende per Unterschrift zeigen, dass die Eltern das Mitteilungs-, das Hausheft oder den Wochenplanzettel gesehen haben.
Ich vermerke auf meinen Wochenplänen auch Lernwörter sowie wichtige Ereignisse in der kommenden Schulwoche (Tests, Ausflüge, Fotograf usw.). Einmal ereiferte sich eine Mutter, dass sie die Lernwörter gar nicht kenne, weil ihr Sohn sie nicht aufgeschrieben hätte. Ich konnte ihr daraufhin den von ihr unterschriebenen Wochenplanzettel zeigen, auf dem die Lernwörter zu finden waren. Da nahm das Gespräch plötzlich eine sehr positive, produktive Wende.
Achten Sie aber auch darauf, keine zu langen Feedbacks unter einzelne Aufgaben zu schreiben. Das Verhältnis von Aufwand und Nutzen leidet darunter. Melden Sie nur das Wichtigste zurück und besprechen Sie den Rest lieber mit dem Kind persönlich.
Die Mikrokommunikation sollte ein grundsätzliches Elterngespräch nicht ersetzen! Sie dient vielmehr als Bestätigung und Veranschaulichung bei Gesprächen.

Postmappe

Bei der Postmappe handelt es sich um eine farblose Dokumentenmappe mit Klettverschluss oder Druckknopf im DIN-A4-Format. In diese Mappe wird ein DIN-A4-Blatt mit Postzeichen und eventuell dem Klassenemblem oder dem jeweiligen Schülernamen gesteckt. Alternativ kann man auch Dokumentenmappen kaufen, die gelb sind und auf die das Wort „Postmappe“ bereits aufgedruckt ist. Im Rahmen der Autonomisierung und Profilierung von Schulen kann es auch ein schönes Geschenk sein, Postmappen mit dem Schullogo drucken zu lassen.
Ich übergebe die Postmappe bereits mit allgemeinen Informationen am nullten Elternabend. Spätestens vom Tag der Einschulung an ist sie fester Bestandteil der Schulmappe und dient dazu, sämtlichen Schriftverkehr zwischen Schule und Elternhaus zu befördern. Es bietet sich an, die Postmappe die gesamte Grundschulzeit über zu benutzen. In der Postmappe sollte auch das Mitteilungsheft oder später das Hausheft aufbewahrt werden. Außerdem werden darin z. B. Informationsbriefe über Ausflüge und Wandertage, Entschuldigungen, Fotos des Fotografen, Umschläge, in denen Gelder eingesammelt werden und der Bibliotheksausweis transportiert. Aus diesem Grund sollte die Postmappe von beiden Seiten täglich geleert bzw. eingesehen werden.

Mitteilungsheft

Das Mitteilungsheft ist sozusagen der *Messenger* (die WhatsApp) der alten Zeit: Es dient zur Übermittlung von Kurznachrichten und Informationen. Dabei liegt die Betonung auf kurz: Mitunter neigen einzelne Eltern dazu, dieses Instrument als Tagebuch zu nutzen, indem sie tägliche Nachrichten an den Lehrer schreiben und auch tägliche Rückmeldungen erwarten. Vermitteln Sie diesen Eltern, dass das Mitteilungsheft lediglich für besonders wichtige, kurze Informationen gedacht ist. Hierzu gehört z. B. die Vereinbarung eines Gesprächstermins, die Information über besondere Auffälligkeiten in der Schule oder dass zu Hause etwas vorgefallen ist (Tod des Haustiers usw.). Entschuldigungen, Sportbefreiungen und Beurlaubungen sollten auf einem gesonderten Blatt abgegeben werden, damit sie vom Lehrer abgeheftet werden können.
Im zweiten Schuljahr kann das Mitteilungsheft gegen das Hausaufgabenheft (siehe S. 46), in dem auf jeder Wochenseite Raum für Mitteilungen vorhanden ist, ausgetauscht werden.

Elternbriefe

Gerade zu Beginn ist es sinnvoll, regelmäßig Elternbriefe oder sogar eine Art Newsletter herauszugeben, in dem über Gepflogenheiten und Termine informiert wird. Dadurch machen Sie Ihre Arbeit transparent und beugen langwierigeren Einzelgesprächen vor. Bei Fragen können Sie einfach auf den Brief verweisen.
Wenn alle Eltern damit einverstanden sind, kann der Brief auch per E-Mail versandt werden. Dazu muss jedoch sichergestellt werden, dass alle Eltern ihre E-Mails regelmäßig abrufen. Die elektronische Versendung hat den Vorteil, dass der Weg kürzer ist, da die Schüler nicht als „Postbote" benötigt werden, und bei Trennungskindern kann problemlos auch der zweite Elternteil informiert werden.
Achten Sie darauf, in einem Brief nicht zu viele Informationen auf einmal zu geben und Termine in einem überschaubaren Zeitrahmen anzugeben, da viele Eltern (und auch Lehrer) dazu neigen, nur oberflächlich zu lesen und Informationen zu übersehen. Kennzeichnen Sie Daten und wichtige Punkte (z. B. Dinge, die für den betreffenden Ausflug benötigt werden) am besten durch Fett- oder Kursivdruck.
Es kann außerdem hilfreich sein, einen Briefkopf mit Klassenlogo zu entwerfen, damit gleich erkennbar ist, um welche Klasse es sich handelt. Ein Vater von fünf Kindern merkte einmal an, dass er bei einigen Zetteln, die zu Hause am Kühlschrank hingen, nicht auf Anhieb sehen könne, zu welchem seiner Kinder sie gehörten.
Ich habe gute Erfahrungen damit gemacht, zu Beginn eines Halbjahres eine Terminübersicht mit bereits feststehenden Terminen sowie Feiertagen bzw. schulfreien Tagen und Ferienterminen herauszugeben. Die Eltern erhalten diese Übersicht mit dem Vermerk, dass noch Termine dazukommen bzw. sich verschieben können. Rückt ein Termin, z. B. ein Ausflug oder Schulfest, näher, erhalten die Eltern trotzdem noch einmal einen Elternbrief mit genauen Infor-

mationen. Handelt es sich um einen besonders wichtigen Termin oder benötigen Sie ein Feedback oder eine Rückmeldung, dann sollte der Brief eine Abtrennung erhalten, die die Schüler Ihnen unterschrieben zurückgeben müssen.
Achten Sie darauf, dass Sie auch die Nichtteilnahme abfragen, da Sie nur so sichergehen können, dass alle Schüler den Brief zu Hause abgegeben haben. Bekommen Sie z. B. nur von fünf Kindern die Rückmeldung, dass sie am Schulfest teilnehmen, wissen Sie noch immer nicht, ob die anderen nicht teilnehmen oder nur den Brief nicht abgegeben haben. Geben Sie jedoch die Optionen „nehme teil" und „nehme nicht teil" zum Ankreuzen vor, müssen alle Schüler den Brief zurückgeben und Sie erhalten ein vollständiges Bild der Klasse.
Nach dem Einsammeln lasse ich häufig die gesamte Klasse aufstehen und lese die Namen auf den erhaltenen Zetteln vor. Das betreffende Kind setzt sich. So erhalte ich schnell einen Überblick über bereits zurückgegebene Zettel. Leider kommt es immer wieder vor, dass in einzelnen Familien Briefe trotz mehrmaliger Aufforderung nicht zurückgegeben werden. Bleiben Sie hartnäckig, auch wenn es anstrengend ist, und bestehen Sie auf die Rückgabe. In Einzelfällen kann man darüber nachdenken, ob Kinder von Aktionen ausgeschlossen werden, wenn ein Brief trotz mehrmaliger Aufforderung nicht zurückgegeben wurde. Dies ist zwar eine umstrittene Maßnahme, da das Kind und nicht der „Hauptverursacher", der Elternteil, bestraft wird, aber ich habe die Erfahrung gemacht, dass das Kind es in der Regel schafft, seine Eltern zur Rückgabe zu „erziehen". Dieses Vorgehen sollte jedoch je nach Familie sorgfältig abgewogen werden.

Elternabende

Für viele, insbesondere junge oder noch nicht so erfahrene Lehrer, mitunter aber auch für geübte, die schlechte Erfahrungen gemacht haben, sind Elternabende ein Graus: Vor Schülern reden sie gern, sie mögen ihren Beruf, aber vor Eltern zu sprechen und sich den manchmal schwierigen oder sogar unangemessenen Fragen in der großen Runde zu stellen, kann für sie zur Qual werden.
Gehen Sie nicht von vornherein davon aus, dass jemand Ihnen etwas Böses will! Viele Eltern sind lediglich verunsichert und wollen nur das Beste für ihr Kind. Versuchen Sie, sie in diesem Gedanken zu unterstützen und machen Sie deutlich, dass Sie mit ihnen an einem Strang ziehen!
Informieren Sie sich auch im Schulgesetz oder in den Verordnungen Ihres Bundeslandes, wie Elternabende durchzuführen sind und welche Fristen und Vorgaben eingehalten werden müssen. Wann und wie muss die Einladung erfolgen, wie viele Elternabende sind durchzuführen und wer leitet den Elternabend? In einigen Bundesländern obliegt die Einladung und Leitung ab dem zweiten Elternabend des Schuljahres den Elternvertretern.
Meist muss die Einladung spätestens eine Woche vor dem Elternabend schriftlich und unter Angabe der Tagesordnungspunkte erfolgen. Sollten die Termine nicht von der Schule festgelegt sein, sprechen Sie diese, egal wer den Elternabend leitet, am besten mit den Elternvertretern ab. Nehmen Sie dabei auch Rücksicht auf Ihr Privatleben: Schlagen Sie einige Termine an verschiedenen

Wochentagen vor, aus denen die Elternvertreter wählen können. Haben Sie an bestimmten Tagen Verpflichtungen, müssen Sie diese nicht ausfallen lassen. Leiten Sie den Elternabend, sollten Sie den Raum so vorbereiten, dass Sie eine Kreisform oder U-Form mit Stühlen und gegebenenfalls Tischen bilden, damit sich alle einbezogen fühlen und beim Reden anschauen können. Zur Auflockerung der Atmosphäre kann es hilfreich sein, die Tische ein wenig zu dekorieren sowie ein paar Getränke und etwas zum Knabbern bereitzustellen. Schön ist es auch, wenn die Kinder einen kleinen Gruß oder Namensschilder basteln und die Eltern sich auf den Platz ihres Kindes setzen. Die Tagesordnung bzw. der Ablauf sollte sichtbar für alle angeschrieben sein oder aushängen. Auf diese Weise erhalten alle eine Übersicht über das Programm und den zeitlichen Rahmen. Der Elternabend sollte nicht mehr als zwei Stunden, eher 90 Minuten dauern.

1. Elternabend: Einladung, Ablaufplan

1. Elternabend: Einladung **KV 8**

CD KV 8

CD KV 9

Ort Datum

Liebe Eltern!

Die Einschulung liegt hinter uns – nun kann es also richtig losgehen!

Um sich kennenzulernen und um einige organisatorische Dinge zu besprechen, lade ich Sie herzlich zu unserem

ersten gemeinsamen Elternabend am ______________, den ______________

um __________ Uhr, in den Klassenraum ein.

Als Tagesordnungspunkte schlage ich vor:

1. Organisatorisches zum Schulalltag

Um Konflikten vorzubeugen und professionell zu bleiben, sollten Sie einige Grundsätze, die ich unter „To do“ und „Not to do“ zusammengefasst habe, beachten:

To do:

- Seien Sie freundlich und offen.
- Strukturieren Sie den Elternabend und geben Sie eine Übersicht über die Tagesordnung.
- Beginnen Sie mit Positivem, stellen Sie z. B. die Stärken der Klasse dar.
- Seien Sie sachlich, auch wenn Sie eine Aussage oder einen Beitrag als unangemessen oder provokativ empfinden.
- Vermitteln Sie den Eltern, dass Sie Anliegen und Fragen ernst nehmen, ohne sich in Kleinigkeiten oder individuellen Belangen zu verzetteln.

Not to do:

- Reden Sie im Konfliktfall nicht über einzelne Kinder/nennen Sie keine Kindernamen.
- Besprechen Sie nichts, was nicht die gesamte Klasse betrifft, klären Sie individuelle Fragen und Probleme allein mit den Betroffenen (und gegebenenfalls zusammen mit den Elternvertretern).

- Diskutieren Sie einzelne Punkte nicht „tot“. Übernehmen Sie die Gesprächsführung und beenden Sie den Punkt, wenn Sie merken, dass sich das Gespräch im Kreis dreht.
- Nehmen Sie keine Bewertung von Kollegen vor. Verweisen Sie auf den entsprechenden Ansprechpartner und laden Sie ihn eventuell zum nächsten Elternabend ein, wenn es Anfragen gibt, die nicht Ihren Bereich betreffen.

Fühlen Sie sich grundsätzlich unsicher, bitten Sie einen Fachlehrer oder Kollegen, der auch in der Klasse arbeitet, dazu, um den Elternabend gemeinsam zu führen.

Zur besseren Nachvollziehbarkeit sollte ein Elternteil Protokoll führen. Dieses Protokoll wird erst dann gültig, wenn es am darauffolgenden Elternabend von allen Beteiligten angenommen wurde. Damit wird sichergestellt, dass Sachverhalte richtig und zur Zufriedenheit aller schriftlich festgehalten werden. So können Inhalte auch später noch einmal nachgelesen werden, und Eltern, die nicht am Elternabend teilgenommen haben, werden informiert. Außerdem sollte eine Anwesenheitsliste geführt werden. Dies ist besonders bei Abstimmungen wichtig.

Eltern empfinden Elternabende häufig als langweilige Last, auf denen sie mit Informationen überschüttet werden. Ich versuche deshalb, die Elternabende abwechslungsreich zu gestalten und etwas aufzulockern. Dies kann durch eine gemeinsame Aktion, ein Anfangs- oder Kennenlernspiel oder die direkte Einbeziehung der Eltern geschehen. Auch die Präsentation einer kurzen Diashow oder von Arbeitsergebnissen kann die Atmosphäre auflockern.

Elternabend: Checkliste, Terminübersicht

CD KV10

CD KV11

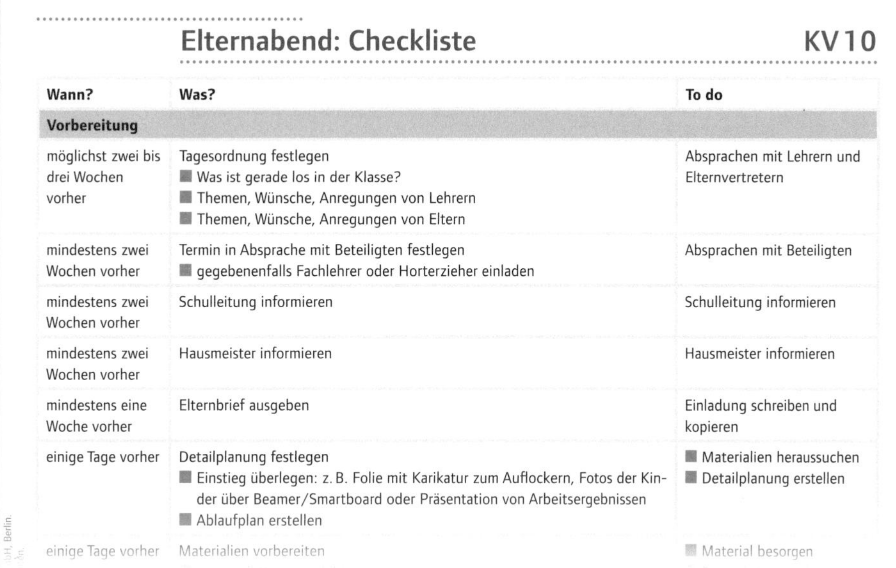

Elternabend: Checkliste KV 10

Wann?	Was?	To do
Vorbereitung		
möglichst zwei bis drei Wochen vorher	Tagesordnung festlegen ■ Was ist gerade los in der Klasse? ■ Themen, Wünsche, Anregungen von Lehrern ■ Themen, Wünsche, Anregungen von Eltern	Absprachen mit Lehrern und Elternvertretern
mindestens zwei Wochen vorher	Termin in Absprache mit Beteiligten festlegen ■ gegebenenfalls Fachlehrer oder Horterzieher einladen	Absprachen mit Beteiligten
mindestens zwei Wochen vorher	Schulleitung informieren	Schulleitung informieren
mindestens zwei Wochen vorher	Hausmeister informieren	Hausmeister informieren
mindestens eine Woche vorher	Elternbrief ausgeben	Einladung schreiben und kopieren
einige Tage vorher	Detailplanung festlegen ■ Einstieg überlegen: z. B. Folie mit Karikatur zum Auflockern, Fotos der Kinder über Beamer/Smartboard oder Präsentation von Arbeitsergebnissen ■ Ablaufplan erstellen	■ Materialien heraussuchen ■ Detailplanung erstellen
einige Tage vorher	Materialien vorbereiten	■ Material besorgen

Der erste Elternabend

Der erste Elternabend sollte innerhalb der ersten vier Schulwochen stattfinden. Als Tagesordnungspunkte eignen sich folgende Themen:

- **Kennenlernen**

Statt einer einfachen Namensrunde („Ich bin … und mein Kind heißt …“) könnten Sie die Eltern zusätzlich auffordern, eine positive Eigenschaft ihres

Kindes zu beschreiben. Auf diese Weise erfahren Sie etwas über die Kinder und vor allem über die Sichtweise und Einstellung der Eltern. Gleichzeitig können Eltern Parallelen ziehen und anschließend Kontakte knüpfen.

- **Organisatorisches zum Schulalltag**

Dazu gehören Themen wie eine kurze Vorstellung der Klassenregeln und Aufklärung über Konsequenzen bei deren Nichtbeachtung, der Umgang mit Hausaufgaben sowie schulspezifische Besonderheiten.

- **Termine und Ferien**

Es kann ein Blatt mit allen für das erste Halbjahr relevanten Terminen sowie den Schulferien für das gesamte Jahr ausgegeben werden. Fehlende Eltern erhalten den Zettel über die Postmappe. Dadurch wird sichergestellt, dass jeder Elternteil, auch wenn er nicht am Elternabend teilgenommen hat, über alle Termine informiert wird.

- **Verschiedenes/Fragen**

An dieser Stelle können die Eltern Fragen stellen. Allerdings sollten diese die Allgemeinheit betreffen. Natürlich sollten die Eltern auch am Ende jedes Tagesordnungspunktes die Möglichkeit erhalten, Unklarheiten zu klären.

- **Wahl der Elternvertreter**

Die Wahl der Elternvertreter sollte zum Schluss erfolgen, damit sich die Eltern im Laufe des Abends ein bisschen kennenlernen können, ehe es zur Wahl kommt. Häufig sind die Eltern der neuen Schüler noch sehr zurückhaltend. Überzeugen Sie sie, dass eine intensive Zusammenarbeit wichtig ist, und sprechen Sie Eltern, die Ihnen sympathisch sind und kompetent erscheinen, direkt an. Es ist außerdem eine nette Geste, den gewählten Elternvertretern als Vertrauensvorschuss ein ganz kleines Blümchen o. Ä. zu überreichen – entscheiden Sie selbst, ob eine solche Vorgehensweise zu Ihnen passt.

Geben Sie möglichst auch die Führung der Klassenkasse ab und lassen Sie einen Kassenwart oder zumindest Kassenprüfer wählen.
Zum Abschluss des Elternabends können Sie ausstehende Gelder einsammeln. Vielleicht kann Ihnen dabei schon der gerade gewählte Elternvertreter oder Kassenwart helfen. Bereiten Sie deshalb eine Anwesenheitsliste sowie die Listen für Klassenkasse, Büchergeld usw. vor.

Der besondere Elternabend

Wer häufig geöffnet arbeitet und es sich zutraut, kann einen Elternabend in besonderer Form wagen: Hierbei werden die Eltern aufgefordert, mit der gleichen Methodik wie die Schüler Grundlagen oder Informationen zu erwerben. Diese Art von Elternabend erfordert beim ersten Mal eine umfangreichere Vorbereitung, ist aber für viele Eltern abwechslungsreich und gibt den besten Einblick in die Lernmethoden der Schüler.
Auf die Idee bin ich bei einer Fortbildung mit Jürgen Reichen gestoßen, der den Elternabend in Form einer Werkstattarbeit durchgeführt hat (vgl. Reichen 2006, S. 70). Ich dagegen arbeite viel mit dem Wochenplan und habe dementsprechend einen Elternwochenplan entwickelt, an dem die Eltern die erste hal-

be Stunde des Elternabends arbeiten. Anschließend wird eine Feedbackrunde durchgeführt, in der offene Fragen beantwortet werden. Die Aufgaben des Wochenplans helfen den Eltern, besser zu verstehen, warum z. B. die Methodik im geöffneten Unterricht eine andere ist als sonst oder wie Schreib- und Leselernprozesse verlaufen. Sie können in diesem Rahmen auch einige Lernspiele ausprobieren. Die meisten Eltern sind zu Beginn irritiert, bearbeiteten ihre Aufgaben dann aber.

Elterngespräche

Häufig finden Elterngespräche nur an Elternsprechtagen oder im Krisenfall statt. Ich plädiere dafür, insbesondere in den ersten zwei Schuljahren, auch Elterngespräche zu führen, wenn alles gut läuft. Dies ist zwar zeitaufwändiger, kann aber im Konfliktfall hilfreich sein, da man sich vorher schon in harmonischer Atmosphäre kennengelernt hat und sein Gegenüber besser einschätzen kann – so gelingt es, auf einige Dinge gelassener zu reagieren.
In einem professionellen Elterngespräch sollten beide Seiten die Möglichkeit erhalten, das, was ihnen wichtig ist mitzuteilen. Dabei können verschiedene Inhalte transportiert werden:

- Die Rückmeldung der Lehrkraft an die Eltern über die allgemeine und spezielle schulische Entwicklung des Kindes.
- Die Rückmeldung der Eltern an die Lehrer, wie ihr Kind Unterricht und Klima an der Schule erlebt.
- Die Eltern können Beratungswünsche äußern, wie sie ihr Kind im häuslichen Bereich bzw. durch Fachkräfte unterstützen können.
- Der Lehrer kann zur Klärung und Lösung von Konflikten zwischen Elternhaus und Schule beitragen.

Das zentrale Ziel eines erfolgreichen Gespräches besteht darin, die Eltern zur Kooperation zu bewegen. Das bedeutet, dass die Eltern im Rahmen einer vertrauensvollen Zusammenarbeit mit der Lehrkraft eigenverantwortlich und zielgerichtet passende Schritte unternehmen, die zur Lösung bzw. Deeskalation von Schwierigkeiten beitragen.
Um dies zu erleichtern, können folgende Gesprächseinstellungen und -regeln hilfreich sein:

- **Empathie entwickeln**

Versuchen Sie, sich in die Position der Eltern, in ihr Denken, Fühlen und Handeln hineinzuversetzen.

- **Berücksichtigung des Lebenskontextes**

Lösungsversuche, die konstruiert werden, ohne den aktuellen Lebenskontext der Eltern einzubeziehen, scheitern zwangsläufig. Stellen Sie sicher, dass formulierte Lösungsschritte und Ziele von den Eltern realisiert werden können.

- **Achtung und Betonung der Eigenverantwortlichkeit der Gesprächspartner**

Vergegenwärtigen Sie sich, dass Eltern gleichberechtigte Kommunikations- und Kooperationspartner sind, die eigene Entscheidungen treffen. Für den

Lernprozess trägt jeder Beteiligte einen Teil der Verantwortung. Welcher dies ist, darüber muss sich in gemeinsamen Gesprächen abgestimmt werden.
Sich über die geteilte Verantwortung bewusst zu sein, kann für Sie entlastend wirken, da es nicht mehr in Ihrer Verantwortung liegt, wenn Eltern anderer Meinung sind oder andere Wege einschlagen.

- **Ressourcenorientierung**

Machen Sie sich bewusst, dass jeder Gesprächspartner oder jedes Kind neben all den Problemen, Defiziten und Schwächen auch Stärken, Ressourcen und positive Seiten hat.

- **Lösungsfokussierung**

Achten Sie im Gesprächsprozess darauf, nur so viel Zeit und Aufmerksamkeit auf das Problem zu verwenden, wie zur Konstruktion von Lösungsschritten notwendig sind. Dazu gehört auch, das Lösungsinteresse der Betroffenen zu würdigen, ihre bisherigen Lösungsversuche zu erörtern und positiv zu bewerten.

Schaffen Sie es, diese Gesprächseinstellungen weitgehend anzunehmen und eine positive, professionelle Grundhaltung einzunehmen, wird es Ihnen auch leichter fallen, die folgenden Gesprächsregeln anzuwenden.

- **Nonverbales Zuhören**

Achten Sie auf Ihre Mimik und Gestik. Dazu gehören Blickkontakt, Kopfnicken, Lächeln, zugewandte Körperhaltung. Die nonverbalen Signale zeigen dem Gesprächspartner, dass Bereitschaft und Aufmerksamkeit vorhanden sind, zuzuhören und nachzuvollziehen.

- **Aktives Zuhören**

Das aktive Zuhören dient zur Klärung der Bedeutung einer Aussage, wenn z. B. Irritationen aufgrund doppeldeutiger oder unklarer Aussagen entstanden sind. Dabei wird das Gesagte des Gesprächspartners mit eigenen Worten widergegeben (z. B.: „Verstehe ich Sie richtig, dass ...?“, „Ist Ihnen wichtig, dass ...?“). Auch Gefühle, Wünsche oder Befürchtungen können verbalisiert werden: „Sie haben das Gefühl, dass ...?“, „Sie sind verärgert/traurig/enttäuscht/unentschlossen/glücklich ...“
Mithilfe dieser Vorgehensweise können Sie überprüfen, ob Ihre Wahrnehmung und Interpretation der Elternaussage richtig ist.

- **Offene und konstruktive W-Fragen stellen**

Im Elterngespräch dienen Fragen nicht nur dazu, Informationen zu erhalten, sondern sind eines der wirksamsten Mittel, um die Aufmerksamkeit der Eltern in bestimmte, vom Lehrer als nützlich erachtete Richtungen zu lenken. In der Regel gilt: Wer fragt, führt das Gespräch. Außerdem können mithilfe von Fragen konstruktive Suchprozesse ausgelöst oder gefördert werden. Zu konstruktiven W-Fragen gehören z. B. jene nach dem Was, Wie, Wo, Wodurch, Wovon oder Wie. Vermeiden Sie jedoch die Frage nach dem Warum, weil dadurch Schuldgefühle ausgelöst werden können.

Gemeinsame Lösungen finden und Vereinbarungen treffen
Geben Sie keine einseitigen Ratschläge, sondern versuchen Sie, die Eltern zu einer gemeinsamen Lösung, die im optimalen Fall Ihrer Lösung entspricht, zu führen.
Formulieren Sie dazu konkrete Vereinbarungen, die Sie auch schriftlich festhalten. Eine Abmachung könnte z. B. sein, dass Sie den Sitzplatz des Kindes ändern oder dass Eltern zu Hause verstärkt auf eine ordentliche Ausführung der Hausaufgaben achten.

Protokoll anfertigen
Fertigen Sie auf jeden Fall Gesprächsnotizen bzw. ein kurzes Protokoll an, um später auf die Inhalte des Gesprächs zurückgreifen zu können. Im Zweifelsfall kann das Gespräch auch in der Schülerakte dokumentiert werden. Wenn beispielsweise Vereinbarungen getroffen werden, kann das Gesprächsprotokoll auch von den Eltern unterzeichnet werden.

Konfliktfall
Bei ernsten Konflikten ist es ratsam, eine weitere Person hinzuziehen oder das Gespräch in Anwesenheit des Schulleiters zu führen. Achten Sie jedoch darauf, dass Ihr Gegenüber nicht das Gefühl hat, vor einem Tribunal oder einem übermächtigen Block zu sitzen.

Gesprächsdauer
Begrenzen Sie Gespräche und teilen Sie den Eltern möglichst schon im Vorhinein den zeitlichen Rahmen mit. Sorgen Sie außerdem für eine ruhige Gesprächsatmosphäre, in der sich beide Parteien auf das Gespräch konzentrieren können. Vermeiden Sie Zwischen-Tür-und-Angel-Gespräche, insbesondere im Konfliktfall.

Elternsprechzeiten

Eine Besonderheit der ersten Schuljahre ist, dass die Eltern in der Regel noch besonders großes Interesse zeigen, da die schulische Situation einerseits auch für sie neu ist und sie andererseits noch kein ausführliches Feedback von ihren Kindern zu Hause erwarten können. Aus diesem Grund sind die Gesprächstermine der Erst- und Zweitklassenlehrer meist schnell ausgebucht. Vermitteln Sie den Eltern von Anfang an, dass Sie auf sie zukommen, wenn es Probleme gibt und dass die Eltern nur einen Termin blocken sollten, wenn sie ein konkretes Anliegen haben. Ansonsten sollten die Termine für die Eltern aus Klassen, in denen Sie Fachunterricht geben, freigehalten werden, da Sie in der eigenen Klasse mehr Kontakt haben und einfacher Gespräche vereinbaren können.
Einige Schulen bieten regelmäßig feste Elternsprechzeiten an, d. h., Sie haben z. B. jeden ersten Mittwoch im Monat von 14 bis 17 Uhr Sprechstunde. Eltern müssen sich spätestens einen Tag vorher unter Angabe des Gesprächsgrundes anmelden, damit Sie sich vorbereiten können. Ich halte diese festen Gesprächszeiten für sehr gut. So muss man nicht ständig bereit sein und nach Terminen suchen. Außerdem kann kein Elternteil sagen, er hätte den Lehrer nicht erreicht oder hätte keinen Gesprächstermin vereinbaren können. In Ausnahmefällen muss es natürlich immer möglich sein, individuelle Termine zu vereinbaren.

Informationen an der Klassentür

Insbesondere im ersten Halbjahr der ersten Klasse kann es hilfreich sein, alltägliche Informationen noch einmal für alle sichtbar zugänglich zu machen. Dazu können außen an der Klassentür eine Magnetpinnwand sowie ein leerer, laminierter Tagesplan oder Stundenplan ausgehängt werden. In diesen Plan werden mit abwaschbarem Folienstift die Hausaufgaben eingetragen. Der Plan dient nur als Kontrolle für die Eltern, da die Schüler sich die Hausaufgaben mithilfe eines Häuschens neben der entsprechenden Aufgabe in ihren Heften oder Arbeitsbüchern markieren. Zusätzlich kann der Plan über eine Spalte verfügen, in der Sie besondere Dinge eintragen, wie z. B. Fototermin, Ausflüge, Elternbrief unterschreiben.

An die Pinnwand können verteilte Elternbriefe geheftet werden. Das erinnert die Eltern an den Blick in die Postmappe.

Achten Sie darauf, dass die Eltern beim Abholen der Kinder diesen Informationsweg nutzen, da die Schüler morgens in den meisten Schulen allein zum Klassenraum gehen sollen. Außerdem besteht die Gefahr, dass Sie ansonsten vor dem Unterricht in Elterngespräche und -fragen verwickelt werden. Lassen Sie sich auf keinen Fall auf Gespräche ein, die den Unterrichtsbeginn verzögern oder Ihre Präsenz in der Klasse behindern!

Elternunterstützung

Häufig wollen Eltern gern das schulische Leben unterstützen und daran teilhaben, sind jedoch unsicher, wie sie dies am besten tun können. Es gibt verschiedene Möglichkeiten.

Begleitung bei Ausflügen

An einigen Schulen gehört es dazu, dass Eltern Ausflüge begleiten, da die personelle Situation so knapp ist, dass keine zweite Person aus dem Lehrkörper dafür eingeplant werden kann. Doch die Elternbegleitung kann Fluch und Segen zugleich sein.

Überlegen Sie sich gut, wer als Begleitung infrage kommt und sprechen Sie gezielt Eltern an. Eine gute Idee ist, auf dem ersten Elternabend per Liste zu erfragen, wer generell die Möglichkeit hat, vormittags zu helfen. Dadurch haben Sie es in der Hand, wen Sie später ansprechen: Ein gutes Verhältnis sowie ein ähnlicher Erziehungsansatz sind Voraussetzung. Nichts ist schwieriger, als wenn das Elternteil auf einmal zum „zusätzlichen Kind“ wird und z. B. die Straße überquert, ohne zu warten, bis die gesamte Gruppe am Bordsteinrand angekommen ist oder sich vorrangig um das eigene Kind kümmert.

Auch das Kind der möglichen Begleitperson sollte beachtet werden: Verhält es sich anders, weil Mama oder Papa mit dabei ist? Besonders bei schüchternen oder zurückhaltenden Kindern sollte abgewogen werden, ob es sinnvoll ist, dass die Eltern sie begleiten.

Sind Sie mit mehreren Klassen und anderen Kollegen unterwegs, achten Sie unbedingt darauf, über welche Interna Sie vor den elterlichen Begleitern sprechen.

Unterstützung bei Projekten

Bei Projekten kann Elternunterstützung sehr nützlich sein, insbesondere wenn Elternteile durch Hobby oder Beruf Experten auf einem Gebiet sind. Vielleicht kann ein Elternteil sogar Leiter einer Projektgruppe sein. Sprechen Sie in diesem Fall unbedingt die Verantwortlichkeiten und Pflichten genau ab, damit keine Missverständnisse entstehen.
Ansonsten sollten Sie ähnliche Überlegungen wie bei der Begleitung von Ausflügen anstellen.

Hilfe bei Festen und Feiern

Feste und Feiern eignen sich hervorragend für die Beteiligung von Eltern. Sie können beim Auf- und Abbau, bei der Betreuung von Ständen und Durchführung von Spielen und Bastelarbeiten helfen. Auch im Bereich der Herstellung von Requisiten sowie Kostümen oder im Backstage-Bereich können sie eine große Bereicherung und Hilfe sein.
Achten Sie darauf, den Eltern klare Anweisungen, Einsatzzeiten und Einsatzgebiete zu geben und die Hilfe zu koordinieren und zu strukturieren. Nichts ist frustrierender, als wenn sich ein Elternteil Zeit nimmt und dann nicht weiß, was er machen soll, wo er gebraucht wird oder wo Dinge hingeräumt werden müssen. Teilen Sie Einsatzzeiten und Einsatzorte sinnvoll zu. Denken Sie auch an die Wertschätzung und ein Danke zum Schluss – auch wenn Sie natürlich selbst einen Großteil der Arbeit geleistet haben.

Bastel- oder Aufräumnachmittage

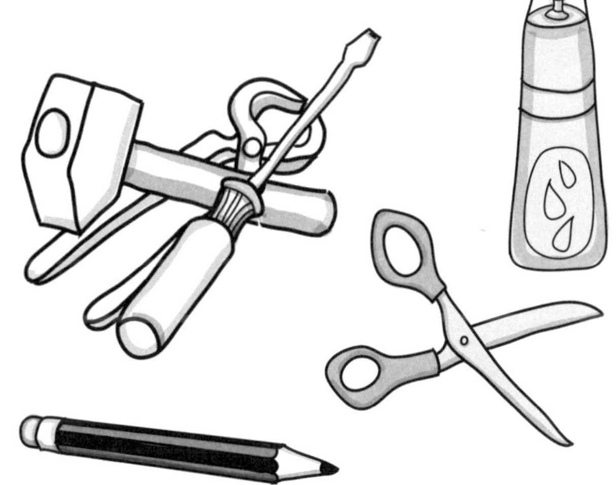

Zu Beginn eines Schuljahres veranstalte ich gern einen Bastelnachmittag für interessierte Eltern und Schüler. Die Teilnahme ist freiwillig. An diesem Tag werden nicht etwa jahreszeitliche Bastelarbeiten durchgeführt, sondern Materialien für den Schulalltag und das geöffnete Arbeiten hergestellt. Die Durchführung eines solchen Nachmittags hat mehrere Vorteile: Eltern und Schüler sehen, wie viel Zeit in der Vorbereitung und Erstellung von Materialien steckt und lernen, Ihre Arbeit noch mehr zu schätzen. Gleichzeitig gehen sie teilweise sorgfältiger mit den angefertigten Materialien um, da sie nun deren Wert kennen. Außerdem kommen Sie mit Eltern und Schülern bei einer angenehmen Tätigkeit leicht ins Gespräch und lernen sich besser kennen. Dabei können durchaus besondere Fähigkeiten und Stärken ans Licht kommen.
Eine weitere Möglichkeit, wie Eltern Sie unterstützen können, ist, einen gemeinsamen Putznachmittag durchzuführen. Es kommt auch vor, dass Eltern mit Lehrern zusammen den Klassenraum umgestalten oder streichen.

Beachten Sie bei allen Varianten, dass Sie den Nachmittag gut vorbereiten und strukturieren: Es müssen genügend Arbeiten für alle vorhanden sein. Außerdem sollten die Arbeiten unterschiedliche Schwierigkeitsgrade haben, damit auch die Schüler einbezogen werden können, sofern sie dabei sind.

Kennenlern-Treffen und Eltern-Cafés

Eltern können durchaus auch die Rolle der Hauptverantwortlichen übernehmen. So können z. B. Kennenlern-Treffen, Weihnachtsfeiern oder Eltern-Cafés ausschließlich von Eltern organisiert und durchgeführt werden. Sie selbst sind lediglich als Gast anwesend. Ich habe die Erfahrung gemacht, dass Eltern zwar häufig den Wunsch nach einem Kennenlern-Treffen äußerten, als ich es organisierte aber nur wenige kamen und noch weniger halfen. Deshalb bin ich dazu übergegangen, diese Veranstaltungen ganz und gar in Elternhand zu geben und nur Räumlichkeiten, Materialien und meine Anwesenheit zur Verfügung zu stellen. Auf diese Weise lässt sich relativ gut und schnell feststellen, ob ein wirkliches Interesse besteht. Nehmen Sie sich also auch ruhig einmal zurück und lassen Sie die Eltern organisieren. Auf diese Weise merken diese auch, welche Arbeit neben dem Unterricht noch von Lehrern geleistet wird und wie schwer es ist, die manchmal trägen Eltern und Schüler zu motivieren.

3 Der Alltag kehrt ein: Tipps und Tricks

Wie bereits beschrieben, ist es mir wichtig, den Schülern einen Rahmen zu geben, der ein für sie vertrautes Umfeld schafft und in dem sie sich möglichst selbstständig zurechtfinden. Selbstständigkeit stärkt das Selbstbewusstsein. Dies wiederum wirkt sich positiv auf die Motivation der Schüler aus. Sie fühlen sich wohl und es entsteht eine angenehme, entspannte Lernatmosphäre.
Um dies zu erreichen, benötigen Sie Regeln und Rituale. Haben die Schüler diese verinnerlicht und finden sich gut darin zurecht, können Sie sich als Lehrer zurücknehmen und Ihren Fokus und Ihre Energie auf andere Bereiche, z. B. auf die Planung von Projekten, Festen und Ausflügen oder auch auf die Beobachtung und Dokumentation von Schülerleistungen lenken.
Durch diese Mischung aus einem festen, überschaubaren Rahmen und besonderen Aktionen entsteht die Atmosphäre, die den Schulalltag auf der einen Seite verlässlich und damit vertraut und auf der anderen Seite spannend und abwechslungsreich werden lässt.

3.1 Klassenregeln

Ohne Regeln geht es nicht! Regeln sind nicht dazu da, um Schüler einzuschränken, sondern um ein positives Miteinander zu gestalten, in dem sich der Einzelne gut zurechtfindet. Regeln müssen für Schüler leicht zu merken und einhaltbar sein. Deshalb gilt auch hier: Weniger ist mehr! Sollte Ihnen in Ihrer Klasse etwas Spezifisches auffallen, ist es immer möglich, eine besondere Zusatzregel zu einem späteren Zeitpunkt zu ergänzen.
Am Anfang komme ich mit den folgenden vier Regeln aus:

1. Ich arbeite leise.
2. Ich melde mich, wenn ich etwas sagen möchte.
3. Ich renne und tobe nicht im Schulgebäude.
4. Ich streite mich mit niemandem.

Wie bereits angesprochen, erarbeiten Sie die Klassenregeln am besten innerhalb der ersten Schultage. Ich visualisiere sie auf einer Wortbildkarte an der Tafel und spreche mit den Schülern über den Inhalt und die Gründe für die Regeln: Sie bilden die Grundlage für das schulische Arbeiten und für ein rücksichtsvolles, entspanntes Miteinander. Meist gelingt es den Schülern schnell, die Regeln weitgehend einzuhalten.
Als Signal zum Leisesein benutze ich eine Triangel. Ein einmaliger Anschlag bedeutet, dass die Schüler leise sein sollen. Ich nutze das Instrument zu Stunden- oder Phasenbeginn oder auch, wenn es einfach zu laut wird. Zweimaliges Anschlagen bedeutet, dass die Arbeitsphase beendet ist und aufgeräumt werden muss. Ist das Ritual gefestigt, können auch Schüler das Anschlagen der Triangel übernehmen (siehe „Regelwächter“, S. 79).

Nach der ersten Woche führe ich drei weitere Regeln ein, die insbesondere für das geöffnete Arbeiten, z. B. für die Tages-, Wochenplan- oder Lernthekenarbeit besonders wichtig sind:

5. Ich lese die Aufgabe gründlich und genau. Wenn ich eine Frage habe, gehe ich zuerst zu einem Mitschüler. Nur wenn er die Frage nicht beantworten kann, frage ich einen Lehrer.
   (Genaues „Lesen" bedeutet natürlich auch, dass die Aufgabe genau angeschaut werden soll. Auch Kinder, die noch nicht lesen können, können die Aufgabe anhand von Beispielen verstehen.)
6. Ich lasse andere ausreden.
7. Meine Arbeit ist erst beendet, wenn ich meinen Platz aufgeräumt und die Arbeitsmaterialien weggepackt habe.

An die Regelerarbeitung schließt sich die für den Lehrer schwierigste Aufgabe an: Die Kontrolle der konsequenten Einhaltung. Diese verlangt von Ihnen viel Ausdauer und Geduld sowie meist auch viel Zeit. Im Gegensatz zum Plakat, haben Wortkarten den Vorteil, dass Sie damit immer wieder einzelne Regeln herausnehmen und besonders darauf hinweisen können. Ist es z. B. während einer Arbeitsphase häufig unruhig, hängen Sie wortlos die Karte „Ich arbeite leise." an und machen die Schüler auf diese Weise darauf aufmerksam. Sie haben auch die Möglichkeit, eine einzelne Regel am Stundenbeginn wiederholt zu thematisieren. Anschließend hängen Sie die Regel gut sichtbar auf und bestimmen einige Kinder (häufig bieten sich Kinder an, die Schwierigkeiten mit der Einhaltung der bestimmten Regel haben), darauf zu achten, wie die Einhaltung in der jeweiligen Stunde klappt. Am Stundenende werden die Beobachtungen besprochen und ausgewertet.
Werden Regeln nicht beachtet, können Sie, je nachdem, um welche Regel es sich handelt, verschiedene Konsequenzen anwenden. Natürlich sollte zuerst eine nonverbale, danach noch eine verbale Warnung erfolgen.
Hier ein paar Beispiele für Konsequenzen, die Ihnen sicherlich nicht unbekannt sind:

- Auf einen separaten Platz setzen,
- von bestimmten Aufgaben/Spielen ausschließen,
- Privilegien entziehen (z. B. auf dem Flur oder in einem anderen Raum ohne permanente Aufsicht arbeiten zu dürfen),
- in eine andere Klasse setzen und dort arbeiten lassen,
- aufgrund von Fehlverhalten nicht geschaffte Aufgaben nacharbeiten lassen,
- Eintrag ins Mitteilungsheft/Hausarbeitsheft/Klassenbuch.

Je konsequenter Sie von Beginn an auf die Einhaltung achten, umso einfacher haben Sie es im Verlauf der weiteren Schuljahre. Und je transparenter und festgelegter das Regelgerüst für die Schüler ist, umso freier und selbstständiger können sie sich darin bewegen.

3.2 Rituale: wichtige Orientierungshilfen

Sinnstiftende Rituale sind für Kinder sehr wichtig. Sie geben ihnen einen Rahmen, in dem sie sich bewegen können und einen Raum, in dem sie sich auskennen. Rituale helfen den Kindern, sich frei und selbstständig zurechtzufinden. Achten Sie darauf, dass Sie die Regeln und Rituale, die Sie einführen, auch wirklich durchsetzen und weiterverfolgen können. Zu viele oder unnütze Rituale schränken Sie in Ihrem Handeln ein und setzen Sie unter Stress, weil Sie nicht mehr frei planen können. Planen und handeln Sie zielorientiert.

Rituale für das tägliche Miteinander

Begrüßungsrituale

Für die Schüler bedeutet es eine angenehme Vertrautheit, den Tagesbeginn zu ritualisieren. Dazu eignet sich ein Begrüßungslied oder ein Reim – am besten mit Bewegungen. Dadurch wird der Körper vor Unterrichtsbeginn aufgelockert und koordinative Fähigkeiten werden gefördert.
Im Folgenden stelle ich Ihnen einige Beispiele vor.

Guten Morgen in diesem Haus
(Lied)

Guten Morgen in diesem Haus. ://
Also wünschen wir ://
einen schönen guten Morgen. ://
... allen Kindern in diesem Haus. ://

Strophe 2: ... allen Lehrern in diesem Haus.

Das Lied kann in zwei Gruppen mit Echo gesungen werden. Die eine Gruppe singt vor, die andere antwortet. Die singende Gruppe steht immer auf, die andere setzt sich hin.

Das Wachmacherlied
(Text: Lore Kleikamp, Musik: Detlev Jöcker)

Refrain
Ach, wie bin ich müde,
ach, ich schlaf' gleich ein.
Doch es ist ja heller Tag,
wie kann ich müde sein!

Jetzt stampf' ich mit den Füßen
und wackel' mit dem Bauch.
Ich schüttel' meine Schultern
und meine Hände auch.

Refrain

Refrain

Ich recke meine Arme,
die Beine machen's nach.
Ich klatsche in die Hände,
nun bin ich wieder wach.

Menschenkinder Verlag und Vertrieb GmbH, Münster
c/o Melodie der Welt GmbH & Co. KG, Frankfurt/Main/ Kleikamp, Lore

Während des Singens werden die zu dem Lied passenden Bewegungen ausgeführt.

Guten Tag, guten Tag!
(Text: Rolf Krenzer, Musik: Martin Göth)

Refrain
Guten Tag, guten Tag!
Einen guten neuen Tag!
Guten Tag, guten Tag!
Einen guten neuen Tag!

Ich wünsch dir einen guten Tag,
und dass dich heute jeder mag,
dass du froh aufgestanden bist
und dass dir schmeckt, was du heut isst,
und dass der Tag dir bis zur Nacht
viel Freude macht.

Refrain

Ich wünsch dir eine dicke Haut
und dass dich keiner heut' beklaut,
dass du dich nicht verletzt, nicht fällst
und keinem in den Weg dich stellst,
dass du mit dem, was heute ist,
zufrieden bist.

Refrain

Ich wünsch dir in der Schule Spaß
und keinen Streit und keinen Hass.
Auch Spaß bei allem, was du tust
und dass du heut' nicht weinen musst.
Denn dann erfährst du sicherlich:
Sie mögen dich!

Edition SEEBÄR-Musik Stephen Janetzko, www.kinderliederhits.de/Krenzer, Rolf

„Drücker“ weitergeben
Eine weitere Möglichkeit ist, sich im Stehkreis zu treffen. Alle fassen sich an den Händen. Wenn es ganz still geworden ist, drückt der Lehrer die Hand des

Kindes links neben ihm. Dieses gibt den „Drücker" weiter, bis er wieder beim Lehrer angekommen ist. Im Anschluss nickt der Lehrer einem Kind zu, das ein Begrüßungslied aus dem Klassenrepertoire aussuchen darf. In den ersten Wochen wählt der Lehrer das Lied – bis das Repertoire groß genug ist.

Geöffneter Anfang

Da ich meist in der ersten Stunde mit Wochenplanarbeit beginne (nur montags nicht: Morgenkreis), dürfen meine Schüler, wenn sie in den Klassenraum hineinkommen, gleich mit dem Arbeiten anfangen. Dies hat den Vorteil, dass keiner ohne Beschäftigung ist und gar keine Langeweile oder Unruhe aufkommt. Meine Begrüßung aller Kinder rutscht damit an den Schluss der ersten Stunde, mal davon abgesehen, dass ich die Kinder natürlich schon beim Betreten des Klassenraumes individuell willkommen heiße. Trotzdem ist es gut und sinnvoll, nach der Beendigung der Arbeitszeit allen gemeinsam noch einmal einen guten Tag zu wünschen.

Morgenkreis

Ich denke, der Morgenkreis ist mittlerweile in fast allen Grundschulen, insbesondere in der ersten und zweiten Klasse etabliert.
Entweder nur am Montag, zum Wochenstart, oder jeden Morgen treffen sich Schüler und Lehrer im Kreis. In erster Linie werden dabei Erlebnisse ausgetauscht und teilweise Arbeitsvorhaben besprochen oder Unterrichtsthemen vorgestellt.
Im Morgenkreis lernen die Schüler das freie, anschauliche Erzählen, aber auch das aufmerksame Zuhören und aufeinander einzugehen. Weiterhin erfahren sie, dass sie nicht nur als „Lerner" wahrgenommen werden, sondern als Persönlichkeit mit ihren Erlebnissen und Erfahrungen für die Gemeinschaft wichtig sind. Um den Kreis produktiv zu gestalten, ist eine vertrauensvolle Atmosphäre wichtig. Diese entsteht nur, wenn auch Sie davon überzeugt sind, dass der Kreis nützlich ist, keiner dem anderen ins Wort fällt oder ihn durch herabsetzende Bemerkungen kränkt. Aus diesem Grund können „Kreisregeln" wie die Folgenden sinnvoll sein:

- Ich höre dem anderen aufmerksam zu.
- Ich versuche, den anderen (mit seinen Gedanken und Gefühlen) zu verstehen.
- Was im Kreis erzählt wird, bleibt unter uns. (Auch der Lehrer darf Informationen nicht ausnutzen oder weitererzählen.)
- Niemand wird ausgelacht.

Eine Besonderheit der Schüler im ersten und auch noch im zweiten Schuljahr besteht darin, dass sie oft sehr gern und teilweise noch unstrukturiert und langatmig erzählen, ihre Aufmerksamkeitsspanne aber noch sehr gering ist. Erinnern Sie die Schüler immer wieder daran, sich kurz zu fassen und vereinbaren Sie, dass z. B. nur ein Erlebnis vom Wochenende erzählt werden darf (das schönste, spannendste, traurigste, aufregendste ...).

Um es den Kindern zu erleichtern, anderen nicht ins Wort zu fallen, kann eine haptische Hilfe benutzt werden: Füllen Sie dazu einfach einen Luftballon mit etwas Sand, kaufen Sie einen Knetball oder nehmen Sie einen schönen Stein und schreiben „Wort" darauf. Nur wer den Gegenstand gerade in der Hand hält, hat das „Wort", darf also reden. Jüngeren Kindern hilft es außerdem manchmal, beim Reden den Ball kneten zu können. Ist der Erzähler fertig, gibt er das „Wort" weiter, indem der Gegenstand an den Nachbarn weitergereicht oder einem anderen Kind zugeworfen wird.
Um zu zeigen, dass man eine Frage hat oder einen Beitrag kommentieren will, meldet man sich mit beiden Armen. Eine normale Meldung zeigt, dass man selbst etwas erzählen will, was nichts mit dem gerade Gesagten zu tun hat.
Versuchen Sie, die Räumlichkeiten so zu gestalten, dass das Zusammenkommen möglichst unkompliziert ohne großen Aufwand möglich ist. Auch ein Oval statt eines Kreises ist möglich. Wichtig ist jedoch, dass alle Schüler im Kreis und keiner außen in einer zweiten Reihe sitzt. Dies würde zu einem Gefühl der Außenseiterrolle und Passivität führen. Manche Schüler wählen einen solchen Platz absichtlich. Achten Sie darauf, diese Kinder vor Beginn des Gesprächskreises zu integrieren.

Frühstücksrituale

In vielen Familien werden Mahlzeiten nicht mehr gemeinsam eingenommen. Dementsprechend sind einige Schüler nicht daran gewöhnt, auf andere Rücksicht zu nehmen, in Ruhe zu essen, gemeinsam zu beginnen und darauf zu warten, bis andere ihr Essen ebenfalls beendet haben.
Ich halte eine ruhige Atmosphäre in der Frühstückspause sowie ein gemeinsames Frühstück für sehr wichtig. Dazu gehört ein gemeinsamer Anfang: Nachdem die Schüler alle Unterrichtsmaterialien vom Tisch geräumt haben, nehmen sie sich ihr Platzdeckchen und packen das Frühstück aus. Die Tischgruppe, die zuerst leise am Platz sitzt, darf sich einen Tischspruch aussuchen, der das Frühstück „eröffnet". Hier sind einige Beispiele:

Viele kleine Fische
Viele kleine Fische
schwimmen jetzt zu Tische.
Reichen sich die Flossen, *(anfassen)*
dann wird kurz beschlossen,
jetzt nicht mehr zu blubbern,
stattdessen was zu futtern.
Da rufen alle mit: *(Hand vor dem Mund zum Trichter formen)*
„Einen guten Appetit!"

Zwei Elefanten

Zwei Elefanten, die sich gut kannten,
hatten vergessen, ihr Frühstück zu essen.
Sagt der eine: Was ich jetzt brauch –
ist ein Frühstück in meinem Bauch.
Sagt der andre: Ich auch!

Während des Spruches wird mit den Handflächen abwechselnd im Viervierteltakt auf die Oberschenkel geklopft.

Was riecht hier so lecker?

Was riecht hier so lecker?
So herrlich nach Bäcker?
Ein ganz irrer Duft!
Gemalt in der Luft.
Frische Brötchen!
Hmmmm … *(über den Bauch streichen)*
Frische Brötchen!
Hmmmm … *(über den Bauch streichen)*

Alle guten Gaben

Alle guten Gaben, alles was wir haben,
kommt, oh Gott, von dir, wir danken dir dafür!
Alle guten Gaben,
halleluja, Amen!

Quelle: Großheppacher Liederbuch (1947).

Dieser Spruch folgt der Melodie bzw. dem Rhythmus von „We will rock you": Es wird zweimal auf die Oberschenkel oder den Tisch geklatscht und dann einmal in die Hände.

Während des Frühstücks dürfen sich Tischnachbarn leise unterhalten – allerdings sollte das Essen im Mittelpunkt stehen.
Alternativ kann die Frühstückszeit als Vorlesezeit genutzt werden: Während die Schüler essen, liest der Lehrer ein Kapitel aus einem Kinderbuch vor. Der Vorteil des Vorlesens liegt darin, dass die Schüler wirklich leise essen. Außerdem gibt es eine regelmäßige Vorlesezeit, die für Kinder der ersten zwei Schuljahre sehr wichtig ist. Der Nachteil daran ist: Sie selbst haben dann keine Pause und keine Zeit zum Durchatmen.
Nach einer begrenzten Zeit (ich halte eine Frühstückspause von 10 bis 15 Minuten für angemessen), wird die Frühstückspause beendet. Dies kann durch das gleiche Zeichen wie zum Beenden einer Arbeitsphase geschehen. Die Schüler packen ihr Frühstück ein und bereiten sich auf die nächste Unterrichtsphase vor, indem sie ihre Materialien wieder auf den Tisch legen.
Für schmutzige Tische sollte ein Eimer mit Lappen bereitstehen – allerdings sollte sich aufgrund der Platzdeckchen der Schmutz in Grenzen halten.

Tagesabschluss

Sowohl das Ende der Arbeitszeit als auch das Ende des Schultages werden mit einem kurzen Feedback versehen. Hierbei können einerseits noch einmal Lerninhalte wiederholt und zusammengefasst werden, andererseits sollten auch das Arbeitsverhalten und das Einhalten der Regeln reflektiert werden. Dies kann durch den Lehrer, aber auch durch die Schüler geschehen. Nachfolgend werden zwei Beispiele für den Ablauf einer gemeinsamen Reflexion vorgestellt.

Top oder Flop

Der Lehrer gibt einen Ball o.Ä. herum. Jedes Kind sagt eine Sache, die ihm besonders gut und eine Sache, die ihm nicht so gut gefallen hat (alternativ: die ihm leicht- oder schwergefallen ist).

Interview

Der Lehrer bereitet (wenn die Kinder schon lesen können) Fragekarten vor oder stellt mündliche Fragen. Nun werden einige Kinder zur Arbeitsphase oder zum Tag (eventuell mit einem Gegenstand, der als Mikro dient) interviewt. Fragen können sein: Welche Aufgabe ist dir leicht/schwergefallen? Welche hat dir am meisten/wenigsten Spaß gemacht? Wie wurde die Regel zur Ruhe eingehalten? Was hast du heute vermisst oder was wünschst du dir für den nächsten Tag? Was musst du noch weiter üben?
Bei der Interview-Methode werden nicht alle Kinder gefragt, sondern nur einige ziehen eine Karte und beantworten diese.

Denken Sie daran, bei einer Reflexion nicht nur negative Aspekte zu erwähnen, sondern loben Sie auch Dinge, die positiv verlaufen sind! Positive Motivation wirkt wesentlich stärker als Maßregelung. Setzen Sie sich und den Kindern kleinschrittige, erreichbare Ziele für die nächste Arbeitsphase oder den nächsten Schultag (z. B.: „Heute war es während der Arbeitsphase recht laut, morgen achten wir ganz besonders auf die Einhaltung dieser Regel.“ Bestimmen Sie Kinder, die am nächsten Tag auf die Einhaltung achten / diese zum Schluss reflektieren).

So wie der Tag rituell mit einem Lied begonnen wird, kann er auch damit abgeschlossen werden. Nachfolgend findet sich eine Idee für ein Schlusslied.

Ist der Unterricht zu Ende?

Ist der Unterricht zu Ende,
hopsen wir nun ganz behände,
auf und ab – auf und ab –
laufen los hinaus im Trab.
Ich wink' dir zum Abschied zu,
du sagst Tschüss und dann im Nu,
auf und ab – auf und ab –
laufen wir nach Haus' im Trab.

Die Melodie entspricht der des bekannten Liedes „Taler, Taler, du musst wandern".

Wunschkreis

Eine Alternative zum Lied ist der Wunschkreis. Dabei formuliert jedes Kind der Reihe nach einen Wunsch oder sagt etwas Nettes: „Ich wünsche euch einen schönen Nachmittag.", „Ich fand es schön, dass wir heute zusammen Fußball gespielt haben.", „Ich wünsche euch sonniges Wetter." …

Klassendienste

Klassendienste fördern die sozialen Kompetenzen der Schüler. Sie geben ihnen eine Mitverantwortung für ihren Lebensraum Schule und führen so zur Selbstständigkeit.

Es bietet sich an, montags, im Anschluss an den Tagesplan, auch den Dienstplan für die ganze Woche zu besprechen.

In meiner Klasse gibt es folgende Dienste, die jeweils von zwei Kindern für eine Woche täglich erledigt werden müssen:

- **Tafeldienst** – wischt die Tafel und schreibt (wenn er schon kann) das Datum für den nächsten Tag an.
- **Klassenbuchdienst** – holt das Klassenbuch morgens aus dem Sekretariat und bringt es mittags wieder dorthin zurück. Trägt es außerdem zum Sportunterricht.
- **Fegedienst** – ist für die Sauberkeit des Fußbodens im Klassenraum zuständig, indem er Kinder, die viel Schmutz hinterlassen haben, auffordert, ihren Platz zu reinigen oder indem er den Klassenraum fegt.
- **Aufräumdienst** – schaut, ob alle Materialien, insbesondere am Wochenplantisch, in der Bücher- oder Spieleecke sowie auf dem Buchstabentisch ordentlich zurückgelegt wurden.
- **Austeildienst** – verteilt Elternbriefe oder sammelt diese ein, teilt Arbeitsmaterialien aus, gibt korrigierte Arbeiten, die in einem bestimmten Ablagekorb liegen, zurück.

Die Dienste können je nach individuellen Bedürfnissen ergänzt werden. Ich habe mich jedoch bewusst gegen mehr Dienste (z. B. Blumendienst) entschieden, da die Kontrolle der Einhaltung gewährt werden muss.

Toilettengang

Da häufig nicht ersichtlich ist, ob sich ein Kind meldet, weil es einen Unterrichtsbeitrag leisten will oder weil es zur Toilette muss, hat sich bei uns zum Anzeigen des Bedürfnisses das im Sport verwendete Zeichen für „Auszeit" (großes T wie Toilette) durchgesetzt. So wird kein Bedürfnis mehr als eifrige Mitarbeit übersehen. Weil Schüler eine Toilettenpause gern zum Toben oder Unterhalten nutzen, darf nur in Ausnahmefällen eine Begleitung mit zur Toilette gehen. Damit für alle Schüler sichtbar ist, wenn schon jemand auf der Toilette ist, gibt es an der Klassentür ein Toilettenzeichen, das beim Gang von Grün auf Rot und anschließend wieder zurückgehängt werden muss.

Rituale, die das Lernen erleichtern

Datum und Tagesablauf

Jeden Morgen wird das Datum mit Wochentag, Tag, Monat und Jahr mündlich thematisiert. Parallel dazu schreibe ich das Datum an die Tafel. Nach der langen Schreibweise (z.B. Freitag, 16. Januar 2015) nennen die Kinder die Kurzschreibweise (16. 1. 15), die ich genau unter die lange Schreibweise ebenfalls an die Tafel schreibe. Ist ein besonderer Tag (Feiertag, Schulfest, Geburtstag o.Ä.), komme ich an dieser Stelle auch darauf zu sprechen. Außerdem übe ich von Zeit zu Zeit Wochentage und Monatsnamen, indem ich Fragen wie „Welcher Tag ist übermorgen?" oder „Welcher Monat kommt als nächstes?" stelle. Auch Rechenaufgaben (die teilweise schon über den zu erarbeitenden Zahlenraum hinausgehen) ergeben sich des Öfteren. Die Kinder haben außerdem sehr großen Spaß an lustigen Daten mit Schnapszahlen und entdecken Auffälligkeiten meistens schneller als ich.
Zum Datenteil gehört außerdem die Bekanntgabe des Tagesablaufs. Dazu nutze ich Wortbildkarten. Ich erarbeite den Stundenplan für den Tag mit den Kindern zusammen, indem sie mir die festen Elemente nennen (z.B. immer nach der ersten Stunde Frühstückspause, nach der zweiten Stunde Hofpause, nach der Hofpause Lesezeit usw.) und ich diese durch bewegliche Elemente, die neu für sie sind, ergänze.

Hausaufgabenheft führen

Ich bin der Meinung, dass mit dem Führen eines Hausaufgabenheftes relativ früh begonnen werden sollte, damit die Kinder es für ihre weitere Schulzeit als ganz selbstverständlich ansehen. Arbeitet man mit Symbolen und Farben, kann man bereits in den ersten Wochen damit anfangen. Dazu wird der jeweilige Tagesverlauf farblich dargestellt (blau = Mathematik, rot = Deutsch, grün = Sachkunde, gelb = Musik usw.).
Am Ende der Stunde oder des Tages gibt der Lehrer den Stundenverlauf vor und schreibt mit Abkürzungen die entsprechende Hausaufgabe jeweils dahinter. Zur Erleichterung sollten die Eltern am Elternabend eine Erklärung zu den Abkürzungen erhalten (z.B. blau AH S 13, A 1–3 = Mathematik Arbeitsheft, Seite 13, Aufgabe 1 bis 3).

Ich selbst bevorzuge den Start mit dem Hausaufgabenheft nach Ablauf des ersten Halbjahres in der ersten Klasse bzw. nach den Weihnachtsferien. Zu diesem Zeitpunkt haben die meisten Kinder schon eine Grundorientierung über ihre Materialien und auch über Buchstaben und Zahlen. Viele können bereits (kurze Wörter) lesen. Außerdem wurde ein halbes Jahr die Orientierung am Kalender geübt, sodass die Schüler sich im Hausaufgabenheft besser zurechtfinden.

Gerade in den ersten Wochen nach der Einführung des Hausaufgabenheftes nimmt das Aufschreiben der Hausaufgaben einen beachtlichen Teil der Unterrichtszeit ein. Manchmal hat man das Gefühl, die Hausaufgabe hätte in dieser Zeit schon erledigt werden können. Ich betrachte das ordentliche und saubere Führen des Hausaufgabenheftes jedoch als eine elementare Grundlage. Daher ist es wichtig, dies ausgiebig zu üben und genug Zeit dafür einzuplanen. Sehen Sie das Eintragen zu Beginn nicht als Anhängsel, das schnell noch erledigt wird, sondern als eine Aufgabe der Stunde und Beitrag zum Erwerb einer Kompetenz.

Im ersten halben Jahr können sich die Schüler lediglich ein Häuschen neben die betreffende Aufgabe malen, die zu Hause erledigt werden soll. Vermerken Sie die Hausaufgaben darüber hinaus an der Klassentür.

Rücklaufuhr

Damit die Kinder lernen, sich die Zeit einzuteilen, nutze ich eine Rücklaufuhr, die ich jedem für den Unterricht zur Visualisierung der verbleibenden Arbeitszeit empfehlen kann. Die Schüler sehen die farbig markierte Arbeitszeit auf der Uhr ablaufen. Bei einigen Modellen kann man außerdem ein akustisches Schlusssignal einstellen.

Beenden von Arbeitsphasen

Um die Stimme zu schonen und den Sprachanteil zu reduzieren, sollte es ein nonverbales akustisches Signal zum Beenden der Arbeitsphase geben. Hierzu eignen sich z. B. eine Klingel, Glocke, Klangschale oder Triangel.

Ich nutze eine Triangel. Häufig vereinbare ich zu Beginn der Arbeitsphase mit zwei Schülern, dass sie die Arbeitsphase beenden dürfen, indem sie nach Ablauf der Uhr die Triangel zwei Mal anschlagen. Sie sind in dem Fall dafür verantwortlich, darauf zu achten, wann die Zeit dafür gekommen ist. Vergessen sie dies, werden sie mit Sicherheit von einem anderen Schüler erinnert.

Alternativ kann zum Beenden einer Arbeitsphase auch ein Lied genutzt werden, das abgespielt wird. Der Vorteil dabei ist, dass die Schüler die Aufgabe nicht sofort abbrechen müssen, sondern bis zum Ende des Liedes Zeit haben, ihre Arbeit zu beenden und die Materialien wegzuräumen.

Der „Fertig"-Ablagekasten

Insbesondere beim geöffneten Arbeiten, aber auch in Arbeitsphasen des Frontalunterrichts kommt es immer wieder dazu, dass Schüler ein Arbeitsblatt oder eine Aufgabe bearbeitet haben und danach eine sofortige Kontrolle verlangen.

Da ich mich eher als Berater, Helfer und Beobachter der Kinder sehe und um mehr Zeit für die Kinder zu haben, habe ich Korrekturen weitgehend aus meinem Unterricht verbannt. Ich arbeite mit einem Ablagekasten-System. Dieses besteht aus drei Deckeln von Kopierpapierkartons. Der erste Kasten trägt die Aufschrift „fertig", der zweite „Hefter" und der dritte „???".

Haben die Schüler eine Aufgabe bearbeitet, legen sie diese in den „Fertig-Kasten". Die im Fertig-Kasten befindlichen Aufgaben werden von mir kontrolliert. Wie auch im Regelunterricht findet die Korrekturarbeit größtenteils am Nachmittag statt. Sind Ihre Schüler das eigenständige Arbeiten gewohnt, können Sie auch teilweise die Wochenplanzeit zur Korrektur nutzen. Allerdings geht Ihnen dadurch wertvolle Beobachtungszeit sowie Zeit mit einzelnen Schülern verloren. Wägen Sie also ab, was für Sie in diesem Moment wichtiger ist. Um die Korrekturarbeit zu reduzieren, können Sie vorher vereinbaren, welche Aufgaben abgegeben werden müssen. Ist eine Aufgabe kontrolliert und für gelungen befunden, bekommt sie einen Stempel und wird von mir in den „Hefter-Kasten" gelegt. Dieser wird jeden Morgen (oder zu einer geeigneten Zeit, z.B. in geöffneten Arbeitsphasen) vom Austeildienst selbstständig geleert. Darin befindliche Materialien werden an die Schüler zurückgegeben, von ihnen abgeheftet oder weggeräumt. Die Aufgabe ist somit abgeschlossen. Gibt es bei einer Aufgabe Beanstandungen, weil sie zu viele Fehler aufweist, unvollständig oder unordentlich bearbeitet wurde, wird sie von mir in den „Fragezeichen-Kasten" gelegt. Dieser Korb darf nicht von den Schülern geleert werden. Während einer Arbeitsphase der Schüler nehme ich diese Kiste, gehe zu den betroffenen Schülern und bespreche mit ihnen leise die Fehler. Sollten viele Schüler mit der gleichen Aufgabe Schwierigkeiten gehabt haben, wiederhole ich sie noch einmal im Klassenverband. Danach ist auch diese Aufgabe abgeschlossen.

Selbstorganisation mithilfe von Symbolen und Fotos

Eine Schwierigkeit – besonders im ersten, aber häufig auch noch im zweiten Schuljahr – besteht darin, dass die Schüler noch nicht lesen können. Um eine größtmögliche Selbstständigkeit zu erreichen, sollte daher mit Symbolen und Farben gearbeitet werden. Mittlerweile bieten viele Verlage Bildkarten für verschiedene Bereiche an, wie Klassenregeln, Klassendienste sowie Stunden- und Tagesplan.

Um den Schülern z. B. das Aufräumen zu erleichtern, kann auch mit Fotos gearbeitet werden: Dazu wird jedes Regalfach im Ausgangszustand fotografiert und das (laminierte) Foto neben das Fach gehängt. Diese Vorgehensweise ermöglicht es Ihnen, im Zweifelsfall mit dem Kind zusammen das Foto zu betrachten und ihm zu zeigen, wie die Grundordnung ausgesehen hat. Auch bei größeren Aufräumaktionen können die Schüler auf diese Weise den Klassenraum selbstständig wieder in den Urzustand bringen.

Die verschiedenen Lernbereiche können außerdem farblich sowie mit den Figuren, die durch die Lehrbücher führen, gekennzeichnet werden. Auch die Bücher in der Bücherecke sollten thematisch sortiert und mit einem farbigen Klebestreifen versehen werden, damit sie selbstständig wieder zurücksortiert werden können.

3.3 Die Klassengemeinschaft aufbauen und fördern

Um zu einer Gemeinschaft zusammenzuwachsen, benötigt man nicht nur Regeln, sondern in erster Linie gemeinsame Rituale und Anlässe, die zusammen geplant, erlebt und später zu schönen Erinnerungen werden, die die Kinder verbinden. Denken Sie an Ihre eigene Schulzeit zurück, sind es wahrscheinlich diese Begebenheiten, wie ein Projekt, ein Ausflug, eine Lesenacht oder Klassenfahrt, die Ihnen zuerst einfallen und die die Gemeinschaft zusammengeschweißt haben.

Im nachfolgenden Abschnitt werde ich einige unterschiedliche Ideen und Anregungen für solche „erinnerungswürdigen Momente" geben.

Geburtstage feiern

Geburtstage sind immer etwas Besonderes – insbesondere für Kinder. Deshalb sollten sie auch entsprechend gewürdigt werden.

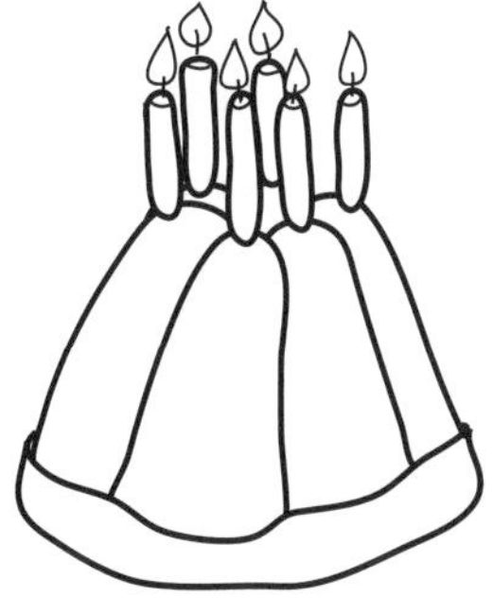

In meiner Klasse warten auf das Geburtstagskind morgens schon eine hübsche Serviette, eine Geburtstagskerze (noch nicht angezündet) und ein kleines Spruchkärtchen (Segenskärtchen) an seinem Platz. Bei der gemeinsamen Begrüßung erwähne ich es ganz besonders. Das Kind kommt nach vorn und ich gratuliere ihm noch einmal vor der ganzen Klasse. Anschließend darf es sich ein Geburtstagslied wünschen.

Geschenk für die Klasse

Seit einigen Jahren verabrede ich mit den Eltern, dass das Geburtstagskind der Klasse statt eines Kuchens oder Süßigkeiten ein Buch oder Lernspiel mitbringt. Dadurch wächst unsere Leseecke stetig, und ich gerate in keinen Konflikt, falls es in der Klasse Lebensmittelallergiker oder Diabetiker gibt. Trotzdem bringen die meisten Kinder zusätzlich doch noch einen Kuchen oder Süßigkeiten mit, worüber sich die Klasse natürlich freut.
Während der Frühstückspause wird die Kerze angezündet. Das Kind darf sein Buchgeschenk vorstellen und Mitgebrachtes verteilen.

Würdigung des Geburtstagskindes

Ich bitte die Eltern bereits am nullten Elternabend (und erinnere sie noch einmal am ersten Elternabend), ein kleines Geburtstagsbuch für ihr Kind anzufertigen. Darin sollte mindestens ein Foto pro Lebensjahr eingeklebt werden. Dieses Buch schauen wir uns in der Lesezeit gemeinsam an. Es ist sehr spannend für die Kinder, die Entwicklung und das Größerwerden des Geburtstagskindes nachzuvollziehen. Für das Geburtstagskind selbst ist es schön, auf diese Weise im Mittelpunkt zu stehen. Danach darf sich das Kind eine Kleinigkeit aus der (über die Klassenkasse finanzierten) Geburtstagskiste aussuchen. Diese fülle ich z. B. mit witzigen Stiften (biegbare Bleistifte, Vierfarbkulis) oder Radiergummis, kleinen Spielzeugen oder Aufklebern. Häufig findet man diese für wenig Geld in den sogenannten Ein-Euro-Shops. Fragen Sie auch bei den Eltern nach, ob jemand von ihnen kleine Werbegeschenke spenden kann.
Eine weitere schöne Würdigung des Geburtstages ist es, eine Wunschrunde zu veranstalten. Dabei steht das Geburtstagskind in der Kreismitte. Nachdem ein gemeinsames Geburtstagslied gesungen wurde, geben die Mitschüler dem Geburtstagskind der Reihe nach einen guten Wunsch oder eine nette Aussage mit in das neue Lebensjahr. Das Geburtstagskind dreht sich dabei immer in Richtung des sprechenden Schülers oder beide geben sich sogar die Hand.

Projekte zu besonderen Anlässen

Projekte motivieren Schüler zusätzlich, da in der Regel nicht nur theoretische Arbeitsblätter zum Einsatz kommen, sondern auch praktisch gearbeitet wird. Besonders nachhaltig werden Projekte, wenn sie an ein reales Ereignis oder eine Begebenheit geknüpft sind. Dabei muss gerade in den ersten zwei Schuljahren ein Projekt nicht immer riesig sein. Es genügt häufig schon, Aufgaben „einzukleiden" oder thematisch zu belegen. Nachfolgend finden sich einige Anlässe und Anregungen für kleinere und größere Projekte.

Sportliche Ereignisse

Insbesondere seit der Fußballweltmeisterschaft in Deutschland 2006 ist die Anteilnahme an sportlichen Großveranstaltungen wie WM, EM oder Olympia noch einmal gestiegen und geht auch an jüngeren Schülern nicht vorbei. Binden Sie diese Ereignisse in den Unterricht ein.

Sie können eine Stationsarbeit oder Lerntheke zum jeweiligen Ereignis vorbereiten, wie z. B. ein Skirennen anlässlich der Olympischen Winterspiele: Jeder Schüler bekommt einen kleinen laminierten Skifahrer, der mit einem Magneten versehen ist. Nach jeder erledigten Aufgabe darf der Skifahrer an der Tafel eine Station nach unten rutschen („fahren"). Auch in den Aufgaben geht es um die Olympischen Spiele. Es können Startnummern sortiert werden, Zeiten ausgerechnet, Kardinal- und Ordinalzahlen unterschieden, die Bedeutung der Ringe und, damit verbunden, die Bedeutung von Farben besprochen, teilnehmende Länder thematisiert und in Deutsch die Schreibweise der Sportarten gefestigt und Adjektive besprochen werden.
Eine Projektarbeit in Gruppen ist ebenfalls denkbar. Hierbei werden verschiedene Aspekte der Veranstaltung gesammelt. Die Schüler überlegen sich, was sie am meisten interessiert. Demensprechend finden sie sich in Gruppen zusammen und bearbeiten die Projektaufgabe. Statt in Gruppen, können Schüler auch einzeln arbeiten. Aufgrund des jungen Alters der Kinder und mangelnder Erfahrung mit Präsentationen, müssen die Aufgaben einerseits recht einfach gehalten werden. Andererseits ist es mitunter beachtlich, welche Qualität ein Referat eines Erst- oder Zweitklässlers haben kann, wenn er über seinen Lieblingsfußballer, seinen Lieblingsverein oder die Lieblingssportart berichtet. Unterschätzen Sie Ihre Schüler nicht, sondern trauen Sie ihnen viel zu!
In einem Schuljahr haben wir mit der gesamten Schule einen Projekttag zum Thema „Fußballweltmeisterschaft" durchgeführt. Jede Klasse erhielt per Los ein Land zugeteilt, musste sich damit beschäftigen und es anschließend in der Aula den anderen Klassen präsentieren. Da ich mit meiner jahrgangsgemischten ersten und zweiten Klasse zur Zeit der Präsentation auf Klassenfahrt war, drehten wir einen kleinen Film, in dem die Kinder Fakten über „ihr" Land vorstellten. Außerdem bemalte jede Klasse ein Laken mit der Flagge des Landes. Die Flaggen wurden während der WM aus den Fenstern gehängt.
Im Kunstunterricht kann außerdem eine gemeinschaftliche Kollage hergestellt werden: Jeder Schüler malt einen Fußballspieler (entweder von einer Vorlage oder frei). Alle Spieler werden dann auf eine große grüne Tapete oder Fußballfeld-Papiertischdecke geklebt.
Ein solches Ereignis kann auch für Kinder nicht deutscher Herkunft oder mit Eltern anderer Abstammung ein guter Anlass sein, über ihr Herkunftsland zu berichten.

Sachkundliche oder jahreszeitbedingte Projekte

Hier bieten sich die gleichen Sozial- und Arbeitsformen an wie bei sportlichen Ereignissen. Es kann einzeln, zu zweit oder in Gruppen gearbeitet werden.
Folgende Themen sind für die ersten beiden Schuljahre besonders geeignet:

- Frühlingsprojekt
- von der Kaulquappe zum Frosch
- Wasser
- Luft
- Schnecken

- von der Raupe zum Schmetterling
- Sinneswerkstatt
- Zirkusprojekt
- Menschen in anderen Ländern

Auch hier habe ich die Erfahrung gemacht, dass die Lernerfolge umso größer und nachhaltiger sind, je näher das Thema an der Lebenswelt und am Interesse der Schüler ist. So haben wir z. B. im Klassenraum Marienkäferlarven, Schnecken oder Kaulquappen, die die Schüler mitgebracht hatten, gehalten und dazu in verschiedenen Lernbereichen geforscht.

Feste als Projektanlass

Einen weiteren schönen Projektanlass bieten Feste. Hier sei zum einen das klassische Sommerfest genannt, das in der Präsentation des Projekts gipfelt. Zum anderen können aber auch kleinere Feiertage oder Feiertage aus fremden Kulturen zur Auseinandersetzung mit einem Thema in Projektform dienen. Einige Beispiele:

- „Warum heißt der Gründonnerstag nicht Rotdonnerstag?" – Auseinandersetzung mit der Farbe Grün.
- Der Weihnachtsmann reist um die Welt: Weihnachtstraditionen in verschiedenen Ländern.
- Wir feiern Chanukka.

Wie bereits angesprochen, ist der Lernprozess umso nachhaltiger, je größer das Eigeninteresse der Schüler ist. Versuchen Sie deshalb, Anregungen oder Ideen der Schüler aufzunehmen oder sammeln Sie mit den Schülern gezielt eigene Ideen, die Sie dann umsetzen.

Feste und Ausflüge

Feste und Ausflüge sollten einen festen Platz im Schulalltag haben. In einigen reformpädagogischen Ansätzen ist dies bereits der Fall. Dabei ist es in den ersten zwei Schuljahren noch nicht so wichtig, ob das Fest besonders groß, der Ausflug spektakulär und die Klassenfahrt weit weg sind. Es gibt viel vor der eigenen Tür zu entdecken. Nutzen Sie daher aktiv die Möglichkeiten in Schulnähe. Das können der nächste Spielplatz, die Bibliothek, die Feuerwache, der Supermarkt oder auch nur ein Gang um das Schulgelände oder sogar nur auf den Schulhof sein. Selbst dort kann gemessen, gemalt, gesammelt, betrachtet, beobachtet, fotografiert oder mit Kreide auf den Boden geschrieben werden. Beachten Sie bei weiteren Ausflügen, insbesondere auch mit öffentlichen Verkehrsmitteln, dass die Vorerfahrungen der Kinder zum Verhalten im Straßenverkehr sehr unterschiedlich sein können. Trainieren Sie deshalb zuerst im näheren Umfeld, bevor Sie sich weiter weg wagen. Für Ausflüge sollte es einige wichtige Regeln geben:

- Ich verhalte mich aufmerksam und umsichtig. (Ich renne, tobe und schubse nicht.)

- Ich laufe mit einem Partner und achte darauf, dass die Lücken zu den vorderen und hinteren Kindern nicht zu groß oder zu klein sind.
- An Straßen und größeren Einfahrten und Treppen stoppe ich und warte, bis der Lehrer das Zeichen zum Überqueren gibt.

Und für den öffentlichen Personennahverkehr gilt:
- Ich steige nur ein oder aus, wenn der Lehrer das Zeichen dazu gibt.
- Auf Bahnsteigen und an Haltestellen wird auf keinen Fall getobt, gerannt oder geschubst.
- Ich verhalte mich in Bus und Bahnen leise und umsichtig.
- Wenn ein Sitz frei ist, setze ich mich hin.
- In Bussen und Bahnen wird nicht gegessen oder getrunken.

Machen Sie den Schülern deutlich, dass Sie sich auf Ausflügen noch mehr auf die Schüler verlassen können müssen als im normalen Schulalltag, da die Sicherheit von ihrem Verhalten abhängt. Bei sehr großen Verhaltensauffälligkeiten oder Verstößen gegen Sicherheitsregeln kann ein Schüler von Anfang an vom Ausflug ausgeschlossen werden. Er muss dann den Tag in einer Parallelklasse verbringen.
Denken Sie immer daran, eine kleine Erste-Hilfe-Ausrüstung mit Pflastern und Verbandsmaterial dabei zu haben. Melden Sie sich auch bei kleineren Exkursionen im Sekretariat ab. Größere Ausflüge sollten auch per Elternbrief oder später im Hausaufgabenheft angekündigt werden, insbesondere, wenn der Ausflug veränderte Anfangs- oder Schlusszeiten mit sich bringt. Im ersten und zweiten Schuljahr müssen die Schüler auf jeden Fall zur Schule zurückgebracht werden und dürfen nicht an einem anderen Ort entlassen werden, es sei denn, Sie haben mit den Eltern ausgemacht, dass diese ihre Kinder direkt dort in Empfang nehmen. Warten Sie auf jeden Fall, bis alle Schüler abgeholt wurden.

Monatsabschluss/Forum

Zum Monatsabschluss oder Forum treffen sich Klassen, um sich gegenseitig Arbeitsergebnisse und Lieder vorzustellen. Es ist also eine Plattform zur Präsentation von Arbeitsergebnissen über die Klassengrenzen hinaus. Wenn es nicht möglich ist, ein Forum mit der ganzen Schule durchzuführen, bietet sich ein Treffen der ersten und zweiten Klassen an.
Das Forum sollte nicht länger als 60 Minuten dauern, da sonst die Konzentration der Kinder nachlässt. Wenn die Schüler mit dem Ablauf und der Durchführung vertraut sind, kann eine Klasse das Forum leiten. Dazu sammelt sie vorab alle Beiträge, koordiniert sie und moderiert die Veranstaltung. Die einzelnen Darsteller sollten zuvor wissen, wann sie an der Reihe sind.
Im Forum können verschiedene Arbeitsergebnisse präsentiert werden. Besonders geeignet sind Lieder, Gedichte, Akrobatik, kleine Theaterszenen, Finger- und Stabpuppenspiele, kurze Filme oder Fotopräsentationen. Begonnen und geschlossen werden kann mit einem gemeinsamen Lied.
Eine Variante des Forums ist ein gemeinsamer Morgenkreis mehrerer Klassen, in dem diese sich gegenseitig und zusammen Lieder vorsingen.

Um das Forum zu etablieren, ist es sinnvoll, sich einen regelmäßigen, festen Termin zu suchen. Dann können sich auch die Schüler darauf einstellen. Empfehlenswert ist z. B. eine monatliche Variante, die jeweils am letzten Tag des Monats in der ersten Stunde ihren Platz hat. Auf diese Weise findet das Treffen an unterschiedlichen Wochentagen statt, so dass nicht immer dieselben Unterrichtsstunden betroffen sind und nicht immer dieselben Lehrer frei haben oder später kommen.

Monatsabschluss: Liste

CD KV 12

Flohmarkt

Bei dieser Idee handelt es sich nicht um den klassischen Schulflohmarkt, sondern um einen Flohmarkt, der zum Abschluss der Unterrichtseinheit zum Thema Geld mit den ersten und zweiten Klassen durchgeführt werden kann.
An einem Schultag veranstalten die ersten und zweiten Klassen untereinander einen Flohmarkt. Jeder Schüler sucht in Absprache mit seinen Eltern Kleinigkeiten aus seinem Zimmer aus, die er verkaufen will (Autos, kleine Spiele, Murmeln, Flummis, Spielfiguren usw.). Außerdem bringt jeder Schüler zwei Euro in kleinen Münzen mit (auf keinen Fall mehr!). Ein einzelner Artikel darf nicht mehr als 50 Cent kosten.
Für den Flohmarkt werden vier Schulstunden benötigt. In der ersten Stunde werden die Tische vorbereitet. In der zweiten und dritten Unterrichtsstunde findet der Flohmarkt statt. Dazu teilen sich die Schüler in Gruppen auf: Einige betreuen die Stände, andere können herumlaufen. Anschließend wird gewechselt. In der vierten Stunde wird aufgeräumt und ein Fazit gezogen.
Der Flohmarkt ist immer ein krönender Abschluss einer Unterrichtseinheit. Es ist spannend, dabei die verschiedenen Charaktere auszumachen: Es gibt Kinder, die sofort ihr ganzes Geld ausgeben, und andere, die „reich" nach Hause gehen, weil sie alles angespart und nichts ausgegeben, aber gleichzeitig viel verkauft haben. Wieder andere häufen einen Berg neuer Spielsachen und Schätze an.

Manchmal sind für Sie als Lehrer auch interessante Dinge zu finden, da Lernspiele häufig nicht zu den Lieblingsspielen der Kinder gehören und deshalb gern verkauft werden. Ich habe für meine Klasse auf dem Flohmarkt schon häufig einige Bücher, Bandolinos™ und Spiele erworben.

Flohmarkt: Elternbrief

Flohmarkt: Elternbrief KV 13

CD KV 13

Ort Datum

Liebe Eltern!

in diesem Schuljahr wollen wir mit allen jahrgangsübergreifenden Klassen einen

Projekttag zum Thema Geld

durchführen.

Er soll am ________________, den ________________

von ________ bis ________ Uhr stattfinden.

Um spielerisch den Umgang mit Geld zu üben, möchten wir einen Mini-Flohmarkt veranstalten, auf dem die Kinder nicht mehr benötigtes Kleinspielzeug verkaufen können. Der Höchstbetrag pro Gegenstand soll 50 Cent betragen.

Weihnachtsfeier

Eine Weihnachtsfeier sollte z. B. im Gegensatz zum Fasching ein etwas ruhigeres und besinnlicheres Fest sein. Doch wie kann man dies gerade in einer ersten oder zweiten Klasse schaffen? Mit nur ein paar Weihnachtsliedern und Keksen hält man diese Altersgruppe bestimmt nicht auf den Plätzen.

Talentshow

Seit einigen Jahren veranstalte ich in meiner Klasse auf der Weihnachtsfeier eine Talentshow. Es ist immer wieder überraschend, welche Begabungen und Fähigkeiten, die nicht schulrelevant sind, in einem Schüler stecken.
Kündigen Sie die Veranstaltung rechtzeitig an. Die Schüler sollen sich einen Beitrag überlegen und diesen (eventuell mit Ihrer Hilfe) in eine ausgehängte Liste eintragen.

Weihnachtsfeier/ Talentshow: Elternbrief, Vorführungen Weihnachtsfeier: Liste

Weihnachtsfeier/Talentshow: Elternbrief KV 14

CD KV 14

CD KV 15

Ort Datum

Liebe Eltern!

Wie auf dem Elternabend angekündigt, werden wir mit den Schülern wieder eine Weihnachtsfeier veranstalten. Dort soll jedes Kind etwas vorführen, was es gut kann.

Ich werde am ________________ eine **Liste an die Tafel** hängen, in die sich jedes Kind mit seinem Beitrag eintragen kann. Bitte überlegen Sie mit Ihrem Kind, was es vorführen möchte und **üben Sie den Beitrag.** Als Anerkennung erhält jedes Kind ein kleines Geschenk. Einige Eltern haben sich schon bereit erklärt, diese Geschenke in der kommenden Woche einzupacken. Bitte teilen Sie mir noch einmal mit, auf welchen Termin Sie sich dafür geeinigt haben.
Außerdem soll es während der Weihnachtsfeier ein **Buffet mit Fingerfood** geben. Bitte tragen Sie in der **Liste an der Klassentür** ein, was Ihr Kind mitbringt. Ich

Beim Beitrag kann es sich z. B. um einen Instrumentalbeitrag, ein Lied, eine Geschichte, ein Gedicht, einen Witz oder einen Zaubertrick handeln. Erlaubt ist alles, was im Klassenraum durchführbar ist und einen zeitlichen Rahmen von fünf Minuten nicht überschreitet. Je bunter die Beiträge, desto kurzweiliger das Programm!
Mithilfe der Beitragsliste wird der Ablauf geplant. Achten Sie darauf, dass die Vorführungen abwechslungsreich angeordnet sind. Erwartungsgemäß schwächere Beiträge sollten an den Anfang gestellt werden, da zu diesem Zeitpunkt die Konzentration der Vorführenden und auch des Publikums noch größer ist. Zudem wird ein Spannungsbogen aufgebaut. Es ist ratsam, Programmblöcke mit jeweils ungefähr fünf Aufführungen zu bilden. Dazwischen finden Pausen statt, die unterschiedlich genutzt werden können: Man kann vom mitgebrachten Buffet essen, es können gemeinsam Weihnachtslieder gesungen werden oder es findet eine ganz normale Hofpause statt.
Im Anschluss an seinen Beitrag erhält jeder Schüler ein kleines Weihnachtsgeschenk. Im ersten Schuljahr sind dies bei mir z. B. ein schöner Bleistift und das ab Januar neu eingeführte Hausaufgabenheft. Im zweiten Schuljahr bekommen die Kinder je nach Leseniveau und Interesse unterschiedliche Bücher. Auch wenn die Geschenke direkt im Anschluss an den jeweiligen Beitrag übergeben werden, muss mit dem Auspacken aus Gründen der Fairness natürlich bis zum letzten Beitrag gewartet werden.
Für das Buffet ist es ratsam, nicht nur Weihnachtskekse, sondern auch etwas Herzhaftes, wie Gemüsesticks mit Dipp, kleine Würstchen oder Bouletten bereitzustellen. Gerade in der Weihnachtszeit sind viele Kinder sowieso schon überzuckert.
Es bietet sich an, die Weihnachtsfeier am letzten Schultag vor den Weihnachtsferien durchzuführen. Stellen Sie den Eltern, die vormittags Zeit haben, frei, daran teilzunehmen. Alternativ kann die Feier auch nachmittags mit mehr Eltern in einem etwas größeren Rahmen durchgeführt werden. Achten Sie dann jedoch darauf, dass kein Beitrag dabei ist, der vielleicht nicht für eine größere Öffentlichkeit geeignet ist. Außerdem kann es gerade in der ersten Klasse vorkommen, dass sich Schüler nicht trauen, ihren Beitrag vor größerem Publikum darzubieten. Schüler, die überhaupt nicht wissen, was sie beitragen wollen und die keine familiäre Unterstützung haben, können auch ein in der Schule erarbeitetes Lied, ein Gedicht oder eine Geschichte vortragen.

Klassische Weihnachtsfeier

Anstelle der oben beschriebenen Feier, kann auch ein klassischer Adventsnachmittag mit den Eltern durchgeführt werden. Dieses Fest bietet eine gute Gelegenheit zur Mitarbeit der Eltern (siehe S. 34). Übergeben Sie entweder die gesamte Verantwortung für den Nachmittag in die Hände der Eltern und stellen Sie nur die Räumlichkeiten und Ihre Anwesenheit zur Verfügung, oder geben Sie die Struktur vor, die der Nachmittag haben soll. In diesem Fall organisieren Eltern die Raumdeko und das Buffet, während Sie z. B. inhaltlich ein paar Lieder oder ein Krippenspiel mit der Klasse vorführen und gemeinsame Lieder anleiten.

Weihnachtsfeier: Checkliste, Buffetliste

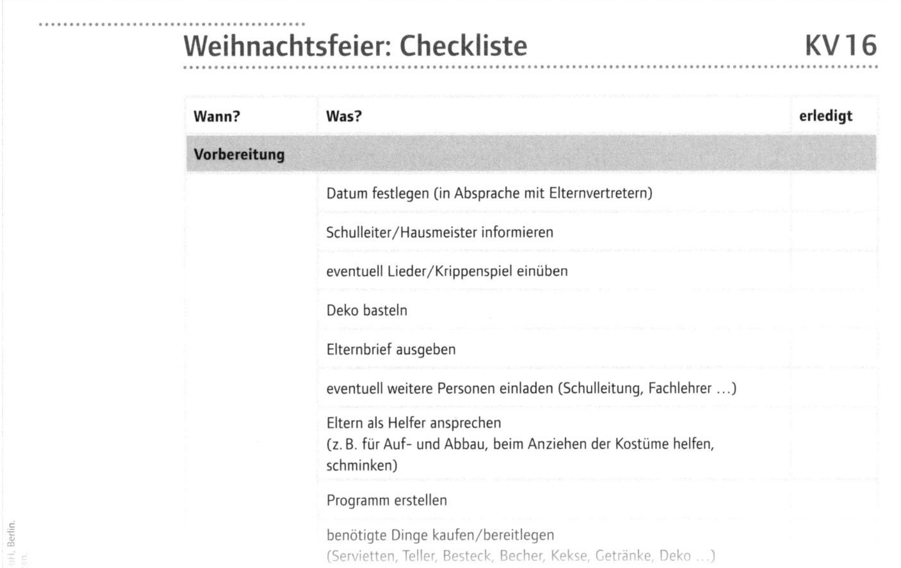

Weihnachtsfeier: Checkliste KV 16

Wann?	Was?	erledigt
Vorbereitung		
	Datum festlegen (in Absprache mit Elternvertretern)	
	Schulleiter/Hausmeister informieren	
	eventuell Lieder/Krippenspiel einüben	
	Deko basteln	
	Elternbrief ausgeben	
	eventuell weitere Personen einladen (Schulleitung, Fachlehrer ...)	
	Eltern als Helfer ansprechen (z. B. für Auf- und Abbau, beim Anziehen der Kostüme helfen, schminken)	
	Programm erstellen	
	benötigte Dinge kaufen/bereitlegen (Servietten, Teller, Besteck, Becher, Kekse, Getränke, Deko ...)	

CD KV 16

CD KV 17

Vorstellbar ist auch ein gemeinsamer Bastelnachmittag mit Eltern und Schülern. Hier können z. B. unterschiedliche Weihnachtssterne gebastelt werden. Bitten Sie die Eltern um Unterstützung, wenn es um das Um- sowie Aufräumen des Raumes und eventuell um das Buffet geht. Es ist ausreichend, wenn Sie hauptsächlich die Bastelideen beisteuern – wobei es auch hier manchmal Eltern mit unglaublichen Fähigkeiten oder Ideen gibt. Also halten Sie sich ruhig einmal zurück!

Fasching

Meist ist Fasching im ersten oder zweiten Schuljahr noch ein dankbares Fest: Die Schüler verkleiden sich in der Regel gern und auch die „alten Kinderspiele" kommen in dieser Altersstufe recht gut an.

Dennoch bleiben beim völlig kostümoffenen Fasching Probleme nicht aus: Viele Schulen sind waffenfrei – das bedeutet, dass auch Ritter, Polizist, Zombie und Co. keine Waffen tragen dürfen. Einige Kostüme, z. B. die der bekannten Superhelden Spiderman, Superman usw. laden darüber hinaus geradezu zum wilden Toben und Über-die-Bänke-gehen ein.

Für Lehrer ist Fasching immer eine Herausforderung: Man muss sich selbst möglichst originell verkleiden und hat abends oft das Gefühl, als wäre man eine Woche ohne Begleitperson auf Klassenfahrt gewesen.

Eine Alternative zum herkömmlichen Faschingsfest sind Themenfeste. Das Thema kann entweder nur in der Klasse abgesprochen werden oder, das macht es noch schöner und abwechslungsreicher, es schließen sich mehrere Klassen oder sogar die ganze Schule zusammen. Unabhängig von der Variante sollte es immer eine Polonaise durch das Schulhaus geben, um die Kostüme zu würdigen und Ideen für das nächste Jahr zu geben.

Zirkusfest

Das Zirkusfest ist ein Beispiel für eine gewaltfreie und spielintensive Variante. Es wird richtig schön, wenn mehrere Klassen, z. B. die ersten und zweiten, sich zusammenschließen. Erlaubt sind alle Kostüme, die mit Zirkus zu tun haben. Die Bandbreite reicht also von Zirkusdirektor über Clown bis hin zu Pferd oder Elefant. Gefeiert wird möglichst in der Turnhalle. Sprechen Sie sich mit den Kollegen ab, und entwickeln Sie abwechslungsreiche Zirkusstationen. Darunter können sein:

- Jonglieren mit Tüchern und Bällen,
- Balancieren über den Schwebebalken oder die Bank,
- an Seilen schaukeln wie Affen,
- mit Pedalos oder Stelzen (zur Not aus Dosen gebaut) laufen,
- auf Matten eine menschliche Pyramide bauen,
- durch Hula-Hoop-Reifen oder wie Raubtiere durch Reifen springen,
- Spinnenfußball,
- Zirkusplakat-Malstation zur Entspannung.

Die Schüler müssen entweder alle Stationen durchlaufen, dann bietet sich eine Stempelkarte an, die jedes Kind bekommt und an der jeweiligen Station abstempeln lassen muss. Oder die Schüler dürfen zu den Stationen gehen, die sie interessieren.

Alternativ kann auch mit Workshops gearbeitet werden: Jedes Kind darf sich einen Workshop (Jonglieren, Clowns, Dressur, Balancieren, Raubtiershow, Pyramide, Artistik, Tanz) aussuchen. In jedem Workshop wird ein Programmpunkt erarbeitet. Bei kürzeren Beiträgen wird nach einer oder einer halben Stunde der Workshop gewechselt und eine zweite Nummer eingeübt. Zum Tagesabschluss gibt es eine Zirkusvorstellung, in der die erarbeiteten Beiträge aufgeführt werden. Die Zirkusvorstellung kann auch an einem anderen Tag für alle oder andere Klassen gezeigt werden.

Frühlingsfest

Das Frühlingsfest wird ebenfalls klassenübergreifend in Form einer Stationsarbeit gefeiert. Erlaubt sind alle Kostüme, die mit Frühling und Garten zu tun haben – von Gärtner über Blume bis zur Vogelscheuche kann alles dabei sein.

Die Lehrer bieten in den verschiedenen Klassenräumen unterschiedliche Stationen zum Thema Frühling an. Die Schüler erhalten einen Laufzettel und absolvieren eine nach der anderen.

Folgende Stationen sind denkbar:

- Frühlingslied singen,
- Frühlingsgeschichte vorlesen,
- Blumenbuch basteln,
- Samen pflanzen,

- Eierlaufen,
- Bastelarbeit zum Thema Frühling,
- Hase und Jäger (auf dem Hof oder in der Turnhalle),
- Blumen gießen (Staffel: Einen Eimer möglichst schnell mit Wasser füllen und zum Beet bringen o. Ä.).

Bei dieser Variante müssen Sie sich darauf verlassen können, dass Ihre Schüler ohne großen Krach und ohne Toben allein über die Flure von Raum zu Raum gehen und nicht so motivierte Schüler sich nicht an einen unbeaufsichtigten Platz zurückziehen. Um dem entgegenzuwirken, können die Schüler auch in Gruppen eingeteilt werden, die die Stationen gleichzeitig durchlaufen. Eine zusätzliche Motivation der Gruppenvariante ist, dass zusätzlich noch ein Wettbewerb zwischen den Gruppen läuft, wer die Stationen am besten bearbeitet hat.
Achten Sie darauf, genügend Stationen anzubieten, die auch für Jungen, die nicht so gern malen, singen oder basteln geeignet sind. Es soll ein Festtag und kein verkappter Schultag sein!

Disney-Parade

Bei der Disney-Parade sind alle Charaktere aus Disney-Filmen erlaubt. Einige der Figuren tragen jedoch Schwerter oder ähnliche Waffen. Überlegen Sie also vorher, ob Sie noch Einschränkungen machen wollen.
Hierfür bietet sich auch die Turnhalle an. Die Schüler werden in Gruppen aufgeteilt, müssen sich einen Namen geben und verschiedene Aufgaben erledigen sowie Wett- und Staffelspiele meistern.
Haben sie eine Station erfolgreich absolviert, erhalten sie ein Puzzleteil. Wurden alle Stationen gelöst, können sie ihr Puzzle vervollständigen. Das vollständige Puzzle macht den Weg frei zur Belohnung (Schatztruhe, Süßigkeiten, Buffet …).

Bibliotheksbesuche

Da Lesen der Schlüssel für viele weitere Fähigkeiten und zur Erledigung sehr vieler Aufgaben ist, sollten von Anfang an zahlreiche Leseanlässe geschaffen werden und Lesen als ein hohes Alltagsgut etabliert werden. Deshalb halte ich von der ersten Klasse an regelmäßige Bibliotheksbesuche für unerlässlich.
Da lange nicht mehr alle Familien regelmäßig Bibliotheken nutzen, muss zuerst für jeden Schüler ein Bibliotheksausweis angeschafft werden. Dieser ist für Schüler kostenlos. Allerdings benötigen Sie einen Antrag, den die Eltern unterschreiben müssen sowie in einigen Bundesländern eine Kopie des Ausweises oder Reisepasses des Elternteils, der unterschrieben hat.
Verfassen Sie dementsprechend lange genug vor dem ersten Bibliotheksbesuch einen Elternbrief, in dem Sie über die regelmäßigen Besuche informieren und das Procedere mitteilen.

Bibliotheksbesuch: Elternbrief

Bibliotheksbesuch: Elternbrief KV 18

CD KV 18

Ort Datum

Liebe Eltern!

am ______________, den ______________ möchte ich mit regelmäßigen

Bibliotheksbesuchen

starten.

Ihr Kind benötigt an diesem Tag die normalen Schulsachen. Wir werden nach der ersten Stunde zur Bibliothek laufen:

____

____

Ich gehe mit meiner Klasse einmal im Monat in die Bibliothek. Für diese Besuche benötige ich zwei bis drei Schulstunden. Der Besuch wird natürlich in der Bibliothek angekündigt und ein Termin vereinbart. In vielen Bibliotheken kann man ein kleines Programm buchen, das die Bibliothekare durchführen. Sie können eine Einführung in die Bibliothek geben, verschiedene Bücher zu einem Thema vorstellen oder aus einem neuen Buch vorlesen. Für jüngere Schüler bieten viele Bibliotheken Buchkinos an, d. h. die Bilder aus dem Buch werden über einen Beamer gezeigt.

Die Bibliotheksausweise sammele ich in den ersten und zweiten Klassen einen Tag vor dem Besuch ein, damit alle Schüler an den Ausweis denken und nichts verloren geht. Vor dem Besuch werden drei Schüler bestimmt, die ihre Schulmappen ausleeren und die ausgeliehenen Bücher zur Bibliothek zurück bzw. die neuen Bücher später zur Schule tragen. In der Bibliothek nehmen wir zuerst am ca. 20- bis 30-minütigen Programm der Bibliothekare teil. Anschließend dürfen die Schüler 20 Minuten allein stöbern und lesen. Manchmal lese ich dabei auch interessierten Schülergruppen vor oder einzelne Schüler lesen mir vor. Zum Abschluss darf sich jedes Kind ein Buch ausleihen. Dabei gilt die Regel, dass es ein Roman oder ein Buch mit Kurzgeschichten sein muss (keine Comics, keine zu schweren Bücher, Sachbücher nur in Ausnahmefällen), das den Lesekompetenzen des Kindes entspricht. Ergeben sich Diskussionen wegen dieser Regel, weise ich die Schüler darauf hin, dass sie weitere Bücher mit ihren Eltern ausleihen können.

Das ausgeliehene Buch bleibt im Klassenraum in einer separaten Kiste mit der Aufschrift „Bücher aus der Bibliothek" und darf oder soll von den Schülern während der Lesezeit (siehe S. 75) gelesen werden. Geben Sie die Bücher besser nicht mit nach Hause. Oft gibt es Schwierigkeiten, dass die Bücher unbeschadet und zur rechten Zeit wieder mit in die Schule gebracht werden. Leihen Sie deshalb auch nur in Ausnahmefällen Bücher über Ihren eigenen Ausweis aus. Beim nächsten Bibliotheksbesuch werden die Bücher zurückgebracht oder können, wenn unbedingt nötig, auch verlängert werden.

Raus ins Grüne

Gerade als Lehrerin in einer Großstadt habe ich immer wieder erfahren, wie wichtig einfache Spielzeiten im Freien für die Schüler sind. Deshalb möchte ich immer wieder dazu ermutigen, neben ausgefeilten Theater- oder Museumsbesuchen, Ausflüge in die Natur nicht zu vernachlässigen. Hilbert Meyer (2011 b, S. 327) spricht sogar in Bezug auf die Erkundung von einer „Verlebendigung des Unterrichts".

Diese Ausflüge können entweder angeleitet sein und z. B. in eine Baumschule, Naturstation oder einen landwirtschaftlichen Betrieb führen. Erkundigen Sie sich nach Angeboten in Ihrer Umgebung. Beachten Sie, dass diese Angebote meist sehr begehrt und bereits lange vorher ausgebucht sein können. Planen Sie deshalb schon zu Schuljahresbeginn (oder teilweise noch früher) und buchen Sie einen Termin.

Genauso wichtig wie geführte Angebote sind auch einfache Wandertage in den Wald, auf eine große Wiese oder in eine Sand- oder Kiesgrube. Lassen Sie die Schüler höchstens einen Ball, aber nicht viele weitere Spielsachen mitnehmen und beobachten Sie Ihre Schüler gut: Es ist spannend zu sehen, wie besonders zu Beginn einige Schüler gar nicht wissen, was sie mit sich anfangen sollen, während andere gleich loslegen, Stöcke zu sammeln und Häuser zu bauen oder auf Bäume zu klettern. Nach einer kurzen Zeit schaffen es aber die meisten Kinder, sich zu beschäftigen. Interessant zu beobachten sind dabei auch die unterschiedlichen Spiele von Jungen und Mädchen.

Denken Sie beim Verfassen des entsprechenden Elternbriefes daran, die Eltern auf adäquate Kleidung, insbesondere festes Schuhwerk, hinzuweisen.

Theater- und Museumsbesuche

Auch in den ersten beiden Schuljahren sollte der Unterricht schon mit Theater- und Museumsbesuchen bereichert und vertieft werden. Mittlerweile gibt es hierzu in der Regel ein großes Angebot für alle Altersgruppen. Teilweise kommen Experten oder Gruppen sogar in die Schule. Da die Angebote häufig schnell ausgebucht sind, ist eine langfristige Planung unerlässlich.

Museumsbesuch/Ausflug: Checkliste

CD KV 19

Museumsbesuch/Ausflug: Checkliste — KV 19

Wann?	Was?	erledigt
Vorbereitung		
möglichst früh, schon in der Jahresplanung	In welcher Phase des Unterrichts ist der Ausflug oder Museumsbesuch sinnvoll?	
möglichst früh	Auswahl des Zieles: ■ Was passt am besten zum Thema, zur Altersgruppe und zum zeitlichen Rahmen? ■ Wie erreiche ich das Ziel? ■ Berücksichtigung der Öffnungszeiten/Spielzeiten und Eintrittspreise (Ist eine Anmeldung nötig?)	
möglichst früh	■ Begleitperson (Kollegium/Elternschaft) anfragen ■ Festlegung des Termins (in Abstimmung mit Begleitperson)	
sobald der Termin feststeht	Bekanntgabe des Termins bei der Schulleitung (Mensa informieren: Schüleressen abbestellen, Lunchpakete bestellen)	
ein bis drei Wochen vorher	Feinplanung des Ausflugs ■ Benötigen die Schüler bestimmte Arbeitsmittel oder Utensilien (Stifte, Becherlupen, Gummistiefel …)? ■ Sind Vorkenntnisse, die im Unterricht erarbeitet werden müssen, nötig?	
etwa zwei Wochen vorher	Elternbrief ausgeben:	

Der Tag des Besuches sollte so gestaltet sein, dass nicht zu viel auf einmal besichtigt wird, sondern auch Zeit für freies Erkunden, eine Frühstückspause und vielleicht zum Spielen bleibt.

Am nächsten Schultag sollten die Erfahrungen noch einmal aufgegriffen und der Ausflug ausgewertet werden. Hierzu eignet sich neben einem Unterrichtsgespräch ein Bericht im Tagebuch (siehe S. 72), der durch von Ihnen aufgenommene Fotos oder gemalte Bilder der Schüler illustriert wird. Auch Erstklässler können häufig schon einen Satz zum Ausflug schreiben, insbesondere wenn sie mit einer Anlauttabelle arbeiten.

Lesenacht

Eine Lesenacht ist immer ein spannendes Erlebnis für Schüler. Auch mit Erstklässlern kann sie – dann möglichst kurz vor Ende des Schuljahres – schon durchgeführt werden. Allerdings rate ich in dieser Klassenstufe davon ab, wirklich viel Programm für die Nacht zu planen oder erst abends mit der Lesenacht zu beginnen.

Lesenacht: Elternbrief

Lesenacht: Elternbrief **KV 20**

CD KV 20

Ort _______________ Datum _______________

Liebe Eltern!

wie auf dem Elternabend angekündigt, möchte ich mit den Kindern gern eine

Lesenacht

durchführen: Von _______________, den _______________,

auf _______________, den _______________.

Im Anschluss an den normalen Schultag werden wir gleich in der Schule bleiben und den Nachmittag und Abend gemeinsam verbringen. Dabei wird sich das gesamte Programm um die

Ich habe gute Erfahrungen damit gemacht, die Lesenacht von einem Donnerstagnachmittag auf Freitag durchzuführen. Sowohl die Schüler als auch Sie selbst haben anschließend ein Wochenende zum Ausschlafen. Dabei schließt sich die Lesenacht gleich an den Schultag an, d. h. die Schüler bringen schon morgens ihre Schlafsachen, ein Buch zum Selberlesen, Taschenlampe und Dinge, die sie für die Lesenacht benötigen, mit. Nach einem normalen Schultag wird zusammen Mittag gegessen. Sollte es keine Möglichkeit geben, in der Schule oder im Hort zu essen, können Sie Eltern bitten, sich um das Mittagessen zu kümmern. Ist ein Hort vorhanden, kann man im Anschluss an diesen um 16 Uhr mit dem Einrichten der Schlafplätze für die Lesenacht beginnen. In den ersten beiden Schuljahren ist es durchaus möglich, mit allen Schülern in einem Raum zu übernachten und Mädchen und Jungen noch nicht zu trennen. Kinder, die ihren Schlafplatz eingerichtet haben, dürfen auf dem Schlafplatz oder im Klassenraum selbstständig frei lesen.

Da die Schüler für gewöhnlich sehr aufgeregt sind und damit verbunden einen noch größeren Bewegungsdrang als sonst aufweisen, wird anschließend gemeinsam gespielt oder es werden Lesezeichen und Bücherwürmer mit Holz-

kugeln und Pfeifenputzern gebastelt. Alternativ können auf dem Schulhof gemeinschaftliche Spiele angeboten werden.
Danach wird wieder gelesen: Sind die Lesekompetenzen noch nicht so ausgeprägt, folgt eine Vorlesestunde. Gibt es in der Klasse allerdings schon gute Leser, können auch diese das Vorlesen übernehmen, oder es kann ein Vorentscheid in einem Lesewettbewerb stattfinden.
Während dieser Zeit bereiten einige Eltern, ohne dass die Schüler es mitbekommen, das Abendbrotbuffet vor. Wenn die Schüler zum Abendessen kommen, sind die Eltern bereits wieder verschwunden, sodass kein Heimweh oder Sehnsüchte nach den Eltern aufkommen können.
Nach dem Abendessen, etwa gegen 20 Uhr, wenn die meisten Kinder sonst zu Hause ins Bett gehen, wird aufgeräumt und sich bettfertig gemacht.
Anschließend wird es spannend: Mit Taschenlampen gibt es eine kleine Wanderung durch das dunkle Schulgebäude (eventuell auch Dachboden oder Keller). Sollten einige Kinder Angst haben, können diese, durch eine zweite Person beaufsichtigt, in ihren Schlafsäcken lesen. Im Anschluss an die Hauserkundung dürfen alle Schüler noch in den Schlafsäcken für eine halbe Stunde im Taschenlampenschein ein Buch zur Hand nehmen. Abschließend liest der Lehrer noch eine Gute-Nacht-Geschichte vor. Gegen 22 Uhr sollte spätestens Nachtruhe sein. Meiner Erfahrung nach schlafen die meisten dann auch wirklich schnell ein.
Nutzen Sie zum Schlafen möglichst einen Raum, der verdunkelt werden kann, da die Ersten sonst mit Sonnenaufgang gegen 4:30 Uhr wieder wach werden und dann meistens auch die anderen wecken. Ich habe meine Lesenächte (mit einer jahrgangsübergreifenden ersten und zweiten Klasse) deshalb immer vor den Osterferien durchgeführt, da es dann morgens noch nicht so früh hell wird.
Am nächsten Morgen gibt es gegen 7:30 Uhr Frühstück. Zwei Eltern helfen und bringen frische Brötchen mit.
Die erste Stunde wird für das Frühstück und zum Aufräumen genutzt. In der zweiten Stunde findet das Finale des Lesewettbewerbs statt. Anschließend kann der Schultag ruhig ausklingen und ist wie immer mittags zur regulären Zeit beendet.

Lesenacht: Buffetliste, Ablaufplan

Lesenacht: Buffetliste KV 21

Lesenacht

am ____________

Wer?	Abendessen	Frühstück

CD KV 21

CD KV 22

Klassenfahrt

Während in der dritten oder vierten Klasse auf jeden Fall eine Klassenfahrt durchgeführt werden sollte, gehört die Klassenfahrt in einem ersten oder zweiten Schuljahr eher zur Kür. Mir macht es immer sehr viel Spaß – die Fahrt ist das absolute Highlight für die Schüler.

Klassenfahrt: Checkliste

CD KV 23

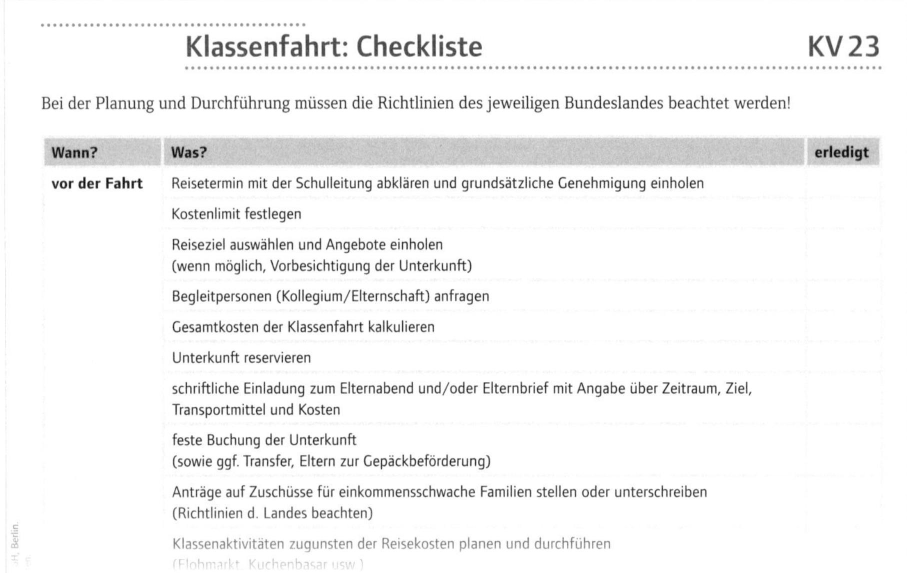

Klassenfahrt: Checkliste — KV 23

Bei der Planung und Durchführung müssen die Richtlinien des jeweiligen Bundeslandes beachtet werden!

Wann?	Was?	erledigt
vor der Fahrt	Reisetermin mit der Schulleitung abklären und grundsätzliche Genehmigung einholen	
	Kostenlimit festlegen	
	Reiseziel auswählen und Angebote einholen (wenn möglich, Vorbesichtigung der Unterkunft)	
	Begleitpersonen (Kollegium/Elternschaft) anfragen	
	Gesamtkosten der Klassenfahrt kalkulieren	
	Unterkunft reservieren	
	schriftliche Einladung zum Elternabend und/oder Elternbrief mit Angabe über Zeitraum, Ziel, Transportmittel und Kosten	
	feste Buchung der Unterkunft (sowie ggf. Transfer, Eltern zur Gepäckbeförderung)	
	Anträge auf Zuschüsse für einkommensschwache Familien stellen oder unterschreiben (Richtlinien d. Landes beachten)	
	Klassenaktivitäten zugunsten der Reisekosten planen und durchführen (Flohmarkt, Kuchenbasar usw.)	

Planung

Planen Sie eine Klassenfahrt langfristig. Viele Heime sind bereits, insbesondere an den beliebten Wochen vor den Sommerferien, lange vorher schon ausgebucht.

In diesem Alter ist es für die Schüler noch nicht wichtig, wo die Klassenfahrt hingeht. Wählen Sie Orte mit einer großen Außenfläche, möglichst mit einigen Spielgeräten und Fußballmöglichkeiten, aber ohne direkten Wasserzugang. Nur dann ist es möglich, die Schüler frei spielen zu lassen. Der Stadtrand oder das Umland reichen völlig aus. Wichtig ist das Gemeinschaftserlebnis und das Gefühl, allein von zu Hause weg zu sein. Für immer mehr Kinder bedeutet die Klassenfahrt, das erste Mal nicht bei den Eltern zu übernachten. Deshalb empfiehlt es sich, einige Zeit vorher z. B. schon eine Lesenacht als eine Art „Test" durchzuführen.

Ich rate außerdem davon ab, mit Schülern dieser Altersklasse schwimmen zu gehen, da immer weniger Schüler sichere Schwimmer sind und der schulische Schwimmunterricht noch nicht stattgefunden hat. Die Kinder haben auch Spaß, bei warmem Wetter in knietiefem Wasser zu planschen und am Ufer zu spielen und zu bauen.

Meiner Erfahrung nach, reichen zwei Übernachtungen aus. Deshalb führe ich meine Klassenfahrten möglichst kurz vor den Sommerferien durch und treffe mich dazu mittwochmorgens zum regulären Schulanfang mit den Schülern. Am Freitagnachmittag endet die Fahrt dann mit einem gemeinsamen Abschlussfest, mit dem nicht nur das Ende der Fahrt, sondern auch des Schuljahres gefeiert wird. Da ich versuche, Orte auszuwählen, die nicht so weit von der Schule

entfernt liegen und gut erreichbar sind, findet das Abschlussfest am Ort der Klassenfahrt statt. Auf diese Weise können die Schüler den Eltern die Begebenheiten vor Ort zeigen und von Erlebtem berichten.
Sprechen Sie frühzeitig mit einem Kollegen, den sie gern dabei hätten. Informieren Sie außerdem vor der Buchung die Schulleitung über den Termin und darüber, mit welcher Lehrkraft Sie die Klassenfahrt durchführen wollen. Stellen Sie sicher, dass weder Lehrkräfte noch die Klasse wichtige schulische Termine verpassen.
Informieren Sie die Eltern rechtzeitig, möglichst auf einem Elternabend, damit diese sich darauf einstellen und eventuell Zuschüsse beantragen oder Geld zurücklegen können. Selbst kurze Klassenfahrten können das Budget einzelner Familien überschreiten. Haben Sie das Gefühl, dass eine Familie deshalb Probleme hat, sprechen Sie diskret mit den Betreffenden.
Fordern Sie die Eltern auf, alle Utensilien namentlich zu kennzeichnen und bitten Sie sie, die Tasche mit dem Kind zusammen zu packen, damit dieses weiß, welche Dinge es mit hat und wie seine Sachen aussehen.
Da die Schüler noch sehr jung sind, sollten sie ihr Gepäck nicht allein tragen. Fragen Sie einige Eltern, ob sie alle Taschen zum Zielort bringen können. Das ermöglicht es der Klasse außerdem, flexibel zu sein und nicht den direkten Weg zu nehmen, sondern auf der Fahrt noch ein Museum einen Bauernhof o. Ä. zu besichtigen.
Informieren Sie sich, ob es für die Schule ein Klassenfahrtskonto gibt oder richten Sie eines ein. Geben Sie Elternbriefe mit Betrag und Kontoverbindung sowie Einverständniserklärungen (planschen gehen, beim Abschlussfest abholen usw.) und einer Liste von Dingen, die mitzunehmen sind, heraus und achten Sie darauf, dass Sie von jedem eine Rückmeldung erhalten bzw. dass das Geld überwiesen wird.

Klassenfahrt: Elternbriefe, Spielekiste-Liste

CD KV 24

CD KV 25

Klassenfahrt: Elternbriefe KV 24

________________ ________________
Ort Datum

Liebe Eltern!

wie auf dem Elternabend besprochen, wird die ____ Klasse, begleitet von mir und ________________

von ______________, den ____________ **bis** ______________, den ____________

eine Klassenfahrt nach ________________________________ unternehmen.

Die Kosten dafür betragen ________,- Euro.

Bitte überweisen Sie den **Betrag bis zum** ______________ auf das folgende Konto:

____

____,

Verwendungszweck: Klassenfahrt, Name des Kindes

Bitte geben Sie Ihrem Kind den unterschriebenen Abschnitt umgehend wieder mit.

Sollten Sie noch Fragen haben, können Sie mich gern ansprechen.

Planen Sie das Programm und was Sie mitnehmen müssen. Sprechen Sie außerdem alle wichtigen Dinge mit involvierten Personen ab (Wird das Gepäck separat transportiert? Wer hilft beim Abschlussfest?).
Thematisieren Sie die Klassenfahrt mit Ihren Schülern. Sprechen Sie über Programmpunkte, Verhalten, die Zimmerverteilung usw.

Programm

Schüler der ersten beiden Schuljahre sind eine dankbare Zielgruppe, da es neu für sie ist, außerhalb von zu Hause zu übernachten und sie sich auch ansonsten noch nicht vollkommen eigenständig bewegen. Deshalb sind keine ausgefallenen Abenteuerprogramme nötig, um die Klassenfahrt zu einem Erlebnis zu machen. Viele Heime bieten außerdem ein Programm an. Buchen Sie ruhig einzelne Elemente, lassen Sie aber auch genügend Zeit für freies Spiel. Für gewöhnlich genießen die Schüler es, einfach in der Natur zu spielen und zu toben. Selbst auf einer völlig verregneten Klassenfahrt, als wir Lehrer uns schon sorgten, wie es wohl werden würde, beschäftigten sich die meisten draußen: Es wurde ein Nacktschneckenrennen veranstaltet!
Einen Programmvorschlag, der sich bei meinen Fahrten bewährt hat und der individuell abgeändert werden kann, finden Sie in den Kopiervorlagen.

Klassenfahrt: Programm/Planung (Beispiel)

CD KV 26

Klassenfahrt: Programm/Planung (Beispiel) KV 26

Klassenfahrt am ______________________________

Mittwoch

Uhrzeit	Aktion	Materialien/Sonstiges
8:00–8:30	Betreuung im Klassenraum	
8:30	Eintreffen, Gepäckverladung	Gepäcktransport:
10:00–13:00	Gemäldegalerie	Kd. Nr. ______, Bestellnr. ______
ca. 13:00	Lunch	eigene Lunchpakete
ca. 13:30	Fahrt zur Jugendherberge	Routenplan, Gruppenfahrschein
ca. 14:30	Eintreffen an der Jugendherberge	
ca. 15:00–16:30	Einrichten der Zimmer	
ca. 16:30	Snack	Snacks (Obst, Muffins)
ca. 17:00–18:00	Umgebungserkundung, freies Spielen	
ca. 18:00	Abendessen	
ca. 19:30–20:30	freies Spielen	Spielekiste

Abschlussfest

Da bei uns aufgrund der jahrgangsübergreifenden Klassen nach der zweiten Klasse ein Lehrerwechsel erfolgt, nutze ich den Freitagnachmittag der Klassenfahrt auch gleich als Abschlussfest. Aber auch wenn Sie die Klasse behalten, ist es schön, die Klassenfahrt mit einem Elternfest zu beenden. Binden Sie dazu die Eltern in die Organisation mit ein. Bitten Sie sie, möglichst pünktlich zu sein. Erklären Sie ihnen aber auch, dass Sie das Gelände erst zur verabredeten Zeit für die Eltern frei geben, da es für die Kinder nicht schön ist, wenn ande-

re Eltern schon viel früher da sind als die eigenen. Sie haben dann den Eindruck, ihre Eltern (die sich ja eigentlich an die Absprache gehalten haben) seien zu spät. Das gleiche Problem entsteht, wenn Eltern wirklich viel später kommen: Das Kind sieht alle Eltern ihre Kinder freudig begrüßen und hat immer weniger Spielkameraden. Sollte es Eltern geben, die später oder gar nicht kommen können, sollten diese das unbedingt vorher mit dem Kind absprechen und vielleicht die Eltern des Freundes bitten, das Kind mit in Empfang zu nehmen. Auch Familien, die nicht am Fest teilnehmen können, sondern nur ihr Kind abholen, sollten dies unbedingt mit Ihnen und dem Kind besprechen.
Ärgern Sie sich nicht, wenn Eltern ohne Verabschiedung und ohne einen Dank an Sie gehen. Die Dankes- und Lobkultur ist in unserem Land leider nicht sehr ausgeprägt und wird immer weniger gepflegt. Freuen Sie sich an den glänzenden Schüleraugen und den unglaublichen Geschichten im Anschluss an die Fahrt! Auch wenn es Ihnen vielleicht niemand sagt (auch Ihre Schulleitung nicht): Eine Klassenfahrt in dieser Jahrgangsstufe ist nicht selbstverständlich und eine tolle Leistung von Ihnen!

Nachbereitung
Auf jeden Fall sollte die Fahrt am darauffolgenden ersten Schultag noch einmal thematisiert werden. Es bietet sich auch an, ein Klassenbuch über die Fahrt zu erstellen und für alle Schüler zu kopieren. Dazu erhält jedes Kind ein Foto, zu dem es, je nach Leistungsstand, einen Satz oder einen ganzen Bericht schreibt. Abschließend werden alle Berichte gesammelt, kopiert und gebunden. Eine schöne Erinnerung sind auch eine Fotokollage im Klassenraum und ein Bericht in der Schülerzeitung.

3.4 Den Unterricht öffnen

Es ist eine große Herausforderung für jeden Lehrer, einerseits die Klasse zu einer Gruppe, einem Team zu formen und andererseits die individuellen Fähigkeiten der einzelnen Schüler zu berücksichtigen und zu fördern.
Jeder Mensch verfügt über verschiedene Lernstrategien (vgl. Mandl/Friedrich 2006). In diesem Rahmen setzt jeder für das Lernen individuelle, habituelle und geschlechtsspezifische Lernstile ein (in der Didaktik teilweise auch als Lerntypen bezeichnet), die unterschiedlichen Modellen zugeordnet werden können. Ein weit verbreiteter und für die Grundschule gut nachvollziehbarer Ansatz ist die Einteilung in

- visuelles Lernen (Lernen durch Schauen),
- auditives Lernen (Lernen durch Hören),
- Lesen und Schreiben (Lernen durch Verarbeitung von Texten),
- kinästhetisches Lernen (Lernen durch die Praxis, durch Bewegung).

Um den unterschiedlichen Lernstilen entgegenzukommen und den Lernprozess zu vertiefen, sollten die verschiedenen Typen berücksichtigt werden. Dies ist

am besten im Rahmen des selbstorganisierten, ganzheitlichen und handlungsorientierten Lernens möglich.
Eine größtmögliche Individualisierung kann durch eine Öffnung des Unterrichts erreicht werden. Nachfolgend werde ich einige Öffnungsvarianten, die sich bereits für die erste und zweite Jahrgangsstufe eignen, kurz vorstellen. An dieser Stelle ist dies jedoch nur oberflächlich möglich. Sollten Sie mit einer der Methoden arbeiten wollen, empfehle ich Ihnen vertiefende Literatur. Ich selbst arbeite in jahrgangsübergreifenden ersten und zweiten Klassen bereits von der zweiten Schulwoche an sehr erfolgreich mit dem Wochenplan (vgl. Ferrarÿ 2010).

Lerntheke, Lernbuffet oder Stationsarbeit

Die Lerntheke ist eine Abwandlung der Stationsarbeit. Sie folgt allerdings weniger strengen Vorgaben.
Bei der Lerntheke oder dem Lernbuffet liegen die Materialien für die einzelnen Arbeitsaufträge auf Tischen (entlang einer Theke oder wie bei einem Buffet) aus. Die Schüler nehmen sich die entsprechenden Materialien und arbeiten an ihrem Arbeitsplatz oder an einem anderen Ort. Haben sie eine Aufgabe beendet, bringen sie das Material zurück und beginnen mit der nächsten Aufgabe. Die Reihenfolge der Aufgaben bestimmen sie selbst. Zudem kann in unterschiedlichen Sozialformen gearbeitet werden. Für eine Gruppen- oder Partnerarbeit verlassen die Schüler ihren Arbeitsplatz und suchen sich einen anderen Ort, wie z. B. eine Ecke im Klassenraum oder den Flur. Bei der Lerntheke/dem Lernbuffet können Sie zwischen Wahl- und Pflichtaufgaben unterscheiden.
Im Gegensatz dazu wird bei einer Stationsarbeit an den jeweiligen Tischen (Stationen) gearbeitet. Ähnlich wie beim Zirkeltraining im Sportunterricht beginnen die Schüler bei einer Station und beenden diese auf ein Signal hin gleichzeitig. Dann wechseln alle Schüler an die nächste Station und bearbeiten diese wieder bis zum nächsten Signal.
Der Vorteil der Lerntheke / des Lernbuffets gegenüber der Stationsarbeit ist, dass die Schüler ihrem eigenen Rhythmus folgen können. Außerdem ist unterrichtsorganisatorisch die Arbeit am eigenen Arbeitsplatz oft einfacher durchführbar als die Arbeit an den Stationen.
Bei allen Formen sollte der zeitliche Rahmen eine Doppelstunde nicht unterschreiten, da die Schüler ansonsten nicht genügend Zeit zur Bearbeitung der Aufgaben haben. Eine Reflexionsphase zur Unterrichtsform, dem Arbeitsverhalten und der Einhaltung der Regeln schließt die Arbeitseinheit ab.

Tagesplan

Der Tagesplan eignet sich besonders, wenn Sie damit beginnen, ihren Unterricht zu öffnen. Nach und nach können Sie vom Tagesplan zum Wochenplan übergehen. Der Tagesplan öffnet den Unterricht vorwiegend in der organisatorischen und methodischen Dimension. Der Inhalt ist meist vorgegeben, kann allerdings durch entsprechende Aufgaben leicht geöffnet sein.

Jeder Schüler erhält eine individuelle Aufgabenübersicht. Bereiten Sie alle Aufgaben sorgfältig vor und stellen Sie gegebenenfalls zusätzliche Materialien zur Bearbeitung der Aufgaben bereit.
In speziell gekennzeichneten Stunden oder den gesamten Tag über bearbeiten die Schüler die Aufgaben ihres Tagesplans. Dabei dürfen sie die Reihenfolge sowie eventuell auch den Arbeitsort, die Sozialform und die Materialien frei bestimmen.
Ist eine Aufgabe erledigt, vermerken die Schüler dies auf dem Tagesplan und auf einem Übersichtsbogen, der im Klassenraum aushängt. Die Aufgaben kontrollieren entweder die Schüler selbst, andere Schüler oder Sie.

Wochenplan

Der Wochenplan ist wohl eine der geöffneten Methoden, die am weitesten verbreitet ist. Dementsprechend gibt es viele unterschiedliche Varianten.
Jeder Schüler erhält einen eigenen Übersichtsplan mit den einzelnen für ihn relevanten Aufgaben. Zusätzlich können Sie im Klassenraum noch eine Gesamtübersicht aushängen. Auf diese Weise können die Schüler ihr Arbeitspensum miteinander vergleichen.
Die Schüler bearbeiten ihren Plan in einem bestimmten Zeitraum in dafür festgelegten Stunden. Dabei dürfen sie die Reihenfolge der Aufgaben frei wählen. Diese sollten aus verschiedenen Lernbereichen stammen. Es gibt Varianten, die die Aufgaben in Pflicht- und Wahlaufgaben unterteilen. In meinen Wochenplänen sind alle Aufgaben Pflicht. Wer mit den Pflichtaufgaben fertig ist, hat eine echte, freie Wahlmöglichkeit und darf sich ganz nach seinem Interesse beschäftigen.
Wichtig ist, dass die Art der Aufgaben sowie die Sozialform, in der die Aufgaben bearbeitet werden sollen, variieren. Wählen Sie kreative Aufgaben. Ein Wochenplan, der fast nur aus Arbeitsblättern besteht, ist ein versteckter Lehrgangsunterricht. Nutzen Sie nicht nur den Klassenraum, sondern, je nach Möglichkeit, auch angrenzende Räume, den Flur oder den Schulhof.
Der große Vorteil des Wochenplans liegt in der Differenzierbarkeit. Achten Sie jedoch stets darauf, dass der planerische Aufwand bewältigbar bleibt und in Relation zum Ergebnis steht. Wählen Sie daher möglichst viele Aufgaben, die eine natürliche Differenzierung zulassen.
In meiner jahrgangsübergreifenden ersten und zweiten Klasse arbeite ich mit zwei „Grundplänen", einem leichteren und einem schwereren. Für jeden Schüler verändere ich einen dieser Grundpläne: Es werden Aufgaben gestrichen oder es kommen Aufgaben hinzu. Teilweise differenziere ich noch innerhalb der Aufgaben oder wähle offene Aufgaben, sodass jeder Schüler individuell auf seinem Niveau arbeiten kann. Mit Schülern, die mit dem Gesamtsystem überfordert sind, lege ich gemeinsam einen Arbeitsplan fest. Wir vereinbaren, welche Aufgabe an welchem Tag bearbeitet wird.
Es ist auffällig, dass die Öffnung des Unterrichts häufig in den unteren Klassen angebahnt, dann jedoch nicht weitergeführt wird. Um dem entgegenzuwirken, schlagen schon Brügelmann/Brinkmann (1998, S. 57 ff.) eine zunehmende Öff-

nung des Wochenplanes im Laufe der Schuljahre vor. Auch ich präferiere diesen Zuwachs an Selbstorganisation und Selbstständigkeit.

Wochenplan: Vorlage

CD KV 27

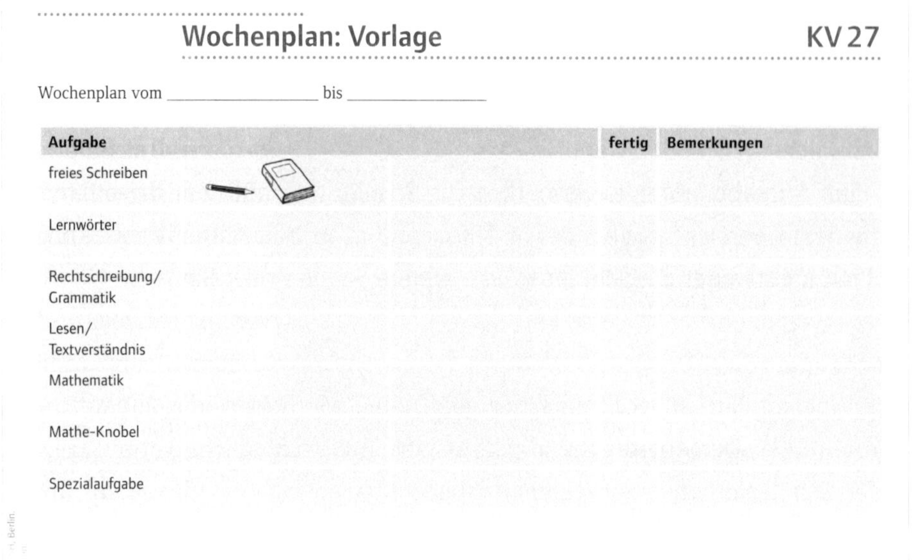
Wochenplan: Vorlage KV 27

Wochenplan vom ______ bis ______

Aufgabe	fertig	Bemerkungen
freies Schreiben		
Lernwörter		
Rechtschreibung/ Grammatik		
Lesen/ Textverständnis		
Mathematik		
Mathe-Knobel		
Spezialaufgabe		

Werkstattunterricht

Jürgen Reichen prägte den Begriff des Werkstattunterrichts. Das Konzept beschreibt einen Unterricht, der nach seinen Worten der Arbeit in einer Werkstatt gleicht (vgl. Reichen 2006):

- In einer Werkstatt wird gearbeitet. – Die Schüler arbeiten im Unterricht.
- Nicht alle Mitarbeiter machen das Gleiche. – Die Schüler arbeiten an verschiedenen Themen.
- In einer Werkstatt arbeiten einige allein, andere arbeiten zusammen. – Im Unterricht wird in Einzel-, Partner- und Gruppenarbeit gearbeitet.
- Nicht überall arbeitet der Meister mit. – Die Schüler arbeiten in weiten Teilen selbstständig ohne Lehrer.

Ähnlich wie beim Wochenplan bereitet der Lehrer verschiedene Aufgaben und Lernarrangements vor. Die Aufgaben sollten möglichst vielseitig und kreativ sein sowie unterschiedliche Sinneskanäle ansprechen.

Wie bei den anderen vorgestellten Konzepten gibt es auch beim Werkstattunterricht eine Reihe von Varianten. Die ursprüngliche Form von Jürgen Reichen ist fächerübergreifend angelegt. Es findet sich eine Vielzahl verschiedener Aufgaben, wie z. B. Arbeitsblätter zu Sprache und Mathematik, Lernspiele, die allein oder gemeinsam gelöst werden, Sachunterrichts-Aufgaben, wie kleine Versuche oder Sachaufgaben mit Größen, oder künstlerisch-musische Arbeitsaufträge. Als Variante werden jedoch auch gerne themengebundene Werkstätten genutzt.

Besonders der Verlag an der Ruhr hat sich auf Werkstätten zu den unterschiedlichsten Themen in den unterschiedlichsten Klassenstufen spezialisiert. Diese Werkstätten haben ein Baukastensystem, d. h. Sie können wählen, welche Aufgaben Sie nutzen und wie Sie diese für Ihre Bedürfnisse ändern und somit individualisieren. Der zeitliche Rahmen einer Werkstatt kann unterschiedlich

sein: Es ist möglich, eine Werkstatt in Einzelstunden über mehrere Wochen laufen zu lassen. Genauso gut kann ein Tag in der Woche oder aber auch ein bis zwei Wochen lang jeden Tag an der Werkstatt gearbeitet werden.
Dazu erhält jeder Schüler einen Übersichtsbogen, auf dem alle Aufgaben verzeichnet sind. Meist gibt es Wahl- und Pflichtaufgaben in verschiedenen Differenzierungen. Ergänzend werden offene Aufgaben gestellt.
Je nachdem, inwieweit die Schüler geöffnetes Arbeiten gewöhnt sind, kann entweder ein zugeteilter Individualunterricht, in dem die Aufgaben weitgehend festgelegt sind, ein Angebotsunterricht mit Wahlmöglichkeiten, in dem die Schüler Pflicht- und Wahlaufgaben bearbeiten, oder freie Schülerarbeit stattfinden.
Erledigte Aufgaben kennzeichnen die Schüler auf dem Übersichtsbogen und sammeln die Arbeitsblätter in einem Werkstatthefter. Am Ende der Werkstatt sollte eine Präsentation und Auswertung der Werkstatt stehen.
Reichen stellt die These auf, dass Werkstattunterricht nur gelingt, wenn die folgenden drei Punkte beachtet werden (vgl. Reichen 2006):

- Das System und die Aufgaben sollten für die Schüler durchschaubar und selbstständig durchführbar sein.
- Die Materialien und Aufgaben müssen verschiedene Lerntypen ansprechen und auf die Lernziele ausgerichtet sein.
- Aus dem aktiv Lehrenden muss ein passiver Beobachter werden, der die Schüler in ihrem Lernen begleitet.

Ebenfalls von Reichen stammt das zur Korrektur seiner Werkstätten etablierte „Chefsystem“ (vgl. Reichen 2006): Jeder Schüler übernimmt für ein Lernangebot die Rolle des „Chefs“, d. h., er ist für die Aufgabe verantwortlich. Dies betrifft folgende Dimensionen: Der „Chef“

- hilft bei Schwierigkeiten,
- verwaltet und beschafft wenn nötig Materialien,
- kontrolliert, wer die Aufgabe bearbeitet und führt darüber eine Liste,
- erinnert Schüler, die mit ihrer Aufgabe im Verzug sind,
- kontrolliert die fertigen Aufgaben der Mitschüler.

Neben der Entlastung des Lehrers soll die Aufgabendelegation das Selbstvertrauen und die Selbstständigkeit fördern. Wichtig dabei ist, dass jeder Schüler in einem Bereich oder für eine Aufgabe „Chef“ sein kann, damit eine Chancengleichheit besteht und sich kein Schüler ausgeschlossen oder benachteiligt fühlt.
Unabhängig von der Form der Öffnung, stehe ich dem Chefsystem kritisch gegenüber und rate deshalb insbesondere in den ersten beiden Schuljahren von einer generellen Kontrolle durch Schüler ab, da meiner Erfahrung nach gerade jüngere Schüler viele Fehler übersehen bzw. bei halboffenen Antworten nicht einschätzen können, ob die Antwort richtig ist.
Ich präferiere bei den meisten Aufgaben eine Kontrolle durch den Lehrer. Dazu arbeite ich mit dem beschriebenen Ablagesystem (siehe S. 47). Eine weitere Möglichkeit besteht darin, Aufgaben mit Selbstkontrolle zu stellen.

Achten Sie außerdem insgesamt darauf, dass die Schüler sich wirklich untereinander helfen. Nur wenn sie auf diese Weise nicht weiterkommen, sollen sie sich an Sie wenden. Dadurch gewinnen Sie Zeit, sich mit einzelnen Schülern oder kleinen Gruppen zu beschäftigen.

Egal, für welche Methode Sie sich entscheiden, wichtig ist, dass Sie bei allen Konzepten kreative Aufgaben stellen, die die Schüler zum Handeln anregen und unterschiedliche Lerntypen und Sozialformen fordern. Wenn Sie lediglich verschiedene Arbeitsblätter anbieten, handelt es sich nicht um eine wirkliche Öffnung – eine solche Vorgehensweise spricht nicht die verschiedenen Lerntypen an!

3.5 Individualisierung und Selbstorganisation: Lernanlässe schaffen

Für die Schüler ist es von Vorteil, möglichst schnell einen Orientierungsrahmen zu haben, in dem sie sich nach und nach immer besser auskennen und in dem sie sich immer freier bewegen können. Aus diesem Grund sind wiederkehrende Elemente für Schüler wichtig.
Im folgenden Abschnitt werde ich einige Lernsituationen vorstellen, die ich für meine Klasse etabliert habe. Auch an dieser Stelle sei wieder darauf hingewiesen, dass deren Ein- und Durchführung nur Sinn macht, wenn sie zu einem regelmäßigen Bestandteil werden. Überlegen Sie also, welche Elemente für Ihren Unterricht geeignet sind und welche Elemente Sie beständig in Ihren Unterricht einfließen lassen wollen.

Tagebuch

Durch seinen Buchcharakter ist das Tagebuch im Gegensatz zu normalen Schulheften ein Dokument, das aufgehoben und immer wieder angeschaut werden kann. Beim Tagebuch handelt es sich um eine DIN-A5- oder DIN-A4-Kladde. Entscheiden Sie, ob Sie weiße, karierte oder linierte Seiten bevorzugen. Im Tagebuch halten die Kinder schulische und persönliche Erlebnisse fest. Es lädt zu einer individuellen Korrespondenz mit dem Lehrer ein. Gleichzeitig gibt es Aufschluss über die Entwicklung der Kinder.

In das Tagebuch dürfen die Kinder alles schreiben und malen, was ihnen wichtig ist. Dies kann freiwillig ohne Auftrag erfolgen oder auch eine vom Lehrer gestellte Aufgabe sein. Wie im Kapitel „Der erste Schultag“ (S. 19) bereits beschrieben, begleitet das Tagebuch meine Schüler ab dem ersten Schultag. Danach benutzen wir es regelmäßig, z. B. für Berichte nach Ausflügen, Rezepte (z. B. für selbstgemachte Knete), Gedichte oder auch für freies Schreiben während des geöffneten Arbeitens. Einige Kinder nutzen es auch, um ihre Wochenenderlebnisse aufzuschreiben oder mir Rätsel zu stellen. Mit einzelnen Kindern entwickele ich mithilfe des Tagebuchs eine ganz eigene Kommunikationsebene.

Weisen Sie die Schüler immer wieder darauf hin, dass das Tagebuch ein echtes Buch ist, und motivieren Sie sie auf diese Weise, darin besonders schön zu schreiben und sorgfältig damit umzugehen.

„Buchstabe der Woche"

In vielen Anfangsklassen werden bereits Buchstabengeburtstage gefeiert. Trotzdem möchte ich diese verbreitete Praxis hier kurz beschreiben.

Ich verfolge eine Mischform des Schreibenlernens mithilfe einer Anlauttabelle und eines Buchstabenlehrgangs, da ich gemerkt habe, dass es wichtig ist, den Schülern das Aussehen sowie die Schreibrichtung jedes einzelnen Buchstabens noch einmal zu verdeutlichen. Aus diesem Grund haben wir den „Buchstaben der Woche" eingeführt.

In der Reihenfolge unseres Lehrwerks steht wöchentlich ein Buchstabe im Mittelpunkt. Am Montag bringt jedes Kind eine Sache mit, in der der Buchstabe im Wort enthalten ist. Das Wort muss nicht zwingend mit dem Buchstaben beginnen. Tischgruppenweise kommen die Kinder nach vorn und stellen den anderen Kindern vor, was sie mitgebracht haben. Die anderen Kinder zeigen mithilfe ihres Armes, wo sie den betreffenden Buchstaben hören: Fingerspitze – Buchstabe ist am Anfang, Arm – Buchstabe ist mittendrin, Schulter – Buchstabe ist am Ende. Alternativ kann auch, wie in vielen Lehrwerken vorgeschlagen, eine Schablone gebastelt werden, mit deren Hilfe die Buchstabenstellung im Wort angezeigt wird. Ein Kind verbalisiert zusätzlich noch einmal, wo es den Buchstaben hört. Auf diese Weise sind alle Kinder eingebunden.

Im Anschluss daran thematisiere ich die Schreibrichtung des Buchstabens an der Tafel. Die Kinder schreiben den Buchstaben auf kleinen Tafeln am Platz. Danach dürfen sie sich an verschiedenen Stationen mit dem Buchstaben beschäftigen. Mögliche Stationen sind:

- Buchstaben an der Tafel nachspuren/selbst schreiben,
- Buchstaben in Sand schreiben,
- Buchstaben mit dem Finger auf den Rücken des Partners schreiben,
- Buchstaben mit Knete formen,
- Buchstaben mit Pfeifenputzern formen,
- Buchstaben aus Glassteinen/Perlen legen,
- Buchstaben stempeln,
- Wörter mit Buchstaben aus Katalogen heraussuchen, ausschneiden und ins Tagebuch kleben,
- auf den Boden geklebten Buchstaben ablaufen,
- Buchstaben mit einer Pinzette aus einer Schüssel mit Buchstabennudeln oder Glitzerbuchstaben heraussuchen,
- Buchstaben ins Heft schreiben/später Wörter mit dem Buchstaben ins Heft schreiben.

Ich unterteile in Pflicht- und Wahlstationen. Meine Schüler müssen den Buchstaben an der Tafel nachspuren, in den Sand schreiben und jeweils drei Reihen

Groß- und Kleinbuchstaben in ihr Heft schreiben. Aus den anderen Stationen können sie frei wählen.

Im Laufe der Woche bearbeiten sie außerdem während des Wochenplans die Buchstabenseiten ihres Buchstabenheftes, sodass der Buchstabe eine ganze Woche lang thematisiert wird. Die Dinge auf dem Buchstabentisch bleiben ebenfalls bis zum Wochenende liegen und können in den Pausen angeschaut werden. Freitags nehmen die Kinder ihre Gegenstände wieder mit nach Hause und bringen am Montag neue zum aktuellen Buchstaben mit.

Klassenbriefkasten

In meiner Klasse hängt, wie in vielen anderen Klassen auch, ein Briefkasten mit zwei festen Leerungszeiten (dienstags und freitags am Tagesende). Der Briefkasten ist offen für Briefe jeglicher Art. Es gibt lediglich zwei Regeln beim Briefeschreiben:

1. Es dürfen nur positive Botschaften gesendet werden (also keine Beschimpfungen usw.).
2. Es muss mit dem eigenen Namen unterschrieben werden.

Außerdem thematisiere ich zu Beginn das Briefgeheimnis: Ein Brief ist etwas sehr Persönliches und sollte beantwortet werden. Um den Briefverkehr anzukurbeln, schreibe ich von Zeit zu Zeit Briefe an jeden Schüler (meist den gleichen Text mit dem Computer nur durch Namen und Unterschrift individualisiert) oder auch eine Postkarte aus den Ferien an die ganze Klasse. Schüler, die mir schreiben, erhalten natürlich einen individuellen Brief zurück. Dies motiviert häufig weitere Kinder, Briefe an mich oder Postkarten aus den Ferien an die Klasse zu schreiben.

Nachdem die Postkarte gewürdigt wurde und einige Tage an der Tafel hing, darf das betreffende Kind sie in ihr Tagebuch kleben. Zu den Osterferien erhalten die Kinder in der Unterrichtseinheit „Post/Briefe“ außerdem die Hausarbeit, eine Postkarte oder einen Brief an die Klasse zu schreiben. Viele Kinder schreiben sich außerdem untereinander. Bei kontaktscheuen Kindern oder Kindern, die selten Post bekommen, hilft es außerdem manchmal, dass ein Klassentier o. Ä. einen Brief an das Kind schreibt. Von Zeit zu Zeit baue ich Briefeschreiben auch als Aufgabe in den Wochenplan ein. Das Briefeschreiben sollte in der Regel jedoch eine freiwillige Sache sein, nur so bleibt die positive Motivation des zusätzlichen Schreibanlasses erhalten. Niemanden sollte regelmäßig zum Briefeschreiben verpflichtet werden.

Lesezeit und Lesepass

Ich habe in meiner Klasse eine Leseecke eingerichtet (siehe S. 15). Dort befindet sich ein Regal mit nach Themengebieten bzw. Lesealter geordneten Büchern, ein CD-Player, Materialien für Schreibanlässe (Briefpapier, Fotos, Postkarten, Bilder usw.), Stempeln und Schablonen. Daneben ist ein Arbeitsplatz mit Blick zur Wand. Außerdem steht dort ein kleines Zelt (ca. 1 × 1 Meter), in das sich die Schüler zum Lesen zurückziehen können.

Die Schüler nutzen diese Ecke insbesondere während der täglichen ca. 15- bis 20-minütigen Lesezeit. Ich schließe diese Zeit möglichst an eine Hofpause oder Sportstunde an, so dass Schüler, die in die Klasse kommen, sofort mit dem individuellen Lesen beginnen können. Dadurch entsteht in den Pausenzeiten keine Unruhe, weil die Schüler sofort individuell beschäftigt sind. In den ersten Schulwochen lese ich den Schülern während der Lesezeit eine Geschichte vor. Sobald ein Schüler das Prinzip des Lesens verstanden hat, bekommt er einen Lesepass.

Lesepass: Vorlage

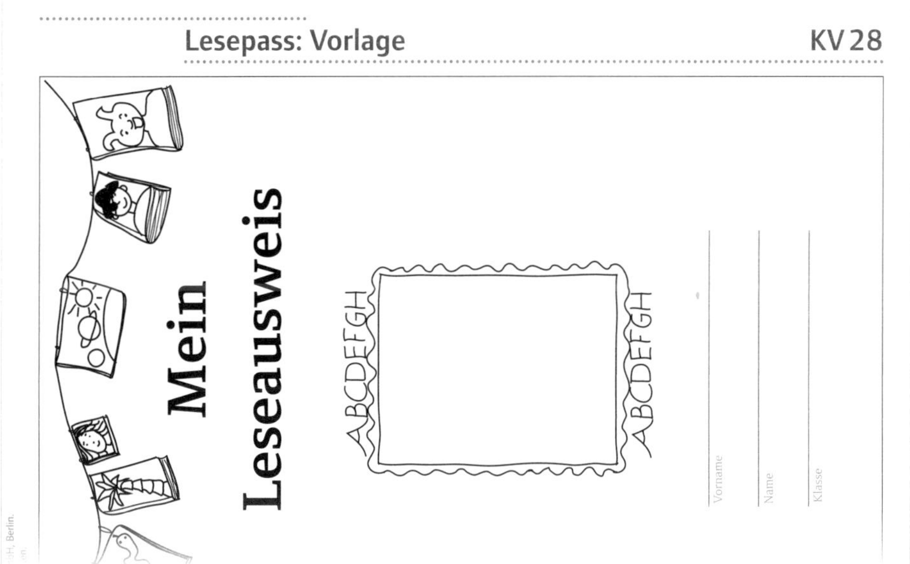

CD KV 28

Damit darf er sich ein passendes Buch aus der Leseecke aussuchen und darin lesen. Auch die Bibliotheksbücher werden während dieser Zeit gelesen. Ihre Leseplätze dürfen sich die Schüler selbst aussuchen. Sie können sich in andere Bereiche der Klasse oder in das Zelt zurückziehen. Außerdem stehen ihnen mehrere kleine Teppiche zur Verfügung, mit denen sie auch auf dem Flur lesen dürfen. Nur wer sich nicht an die Regeln hält, muss sich auf seinen Platz setzen. Hat ein Schüler ein Buch durchgelesen, erzählt er mir den Inhalt und trägt das Buch in seinen Leseausweis ein. Ich unterschreibe darin und bestätige damit,

dass er mir den Inhalt erzählt hat. Auf diese Weise erlange ich einen guten Überblick, wer auf welcher Lesestufe steht und wer kontinuierlich Bücher liest. Außerdem kann ich mich von Zeit zu Zeit zu einem Kind setzen und zusammen mit ihm Lesen üben. Sehr hilfreich ist, besonders in der Anfangszeit, die Unterstützung durch Lesepaten (ältere Schüler, Elternteil oder Erzieher).
Der Vorteil der geöffneten Lesezeit gegenüber dem gemeinsamen Lesen von kompletten Büchern ist, dass sich der einzelne Schüler sowohl ein Buch, das auf seinem Leseniveau ist, aussuchen kann, als auch ein Thema, das ihn besonders interessiert. Die Schüler werden sehr schnell an Ganzschriften herangeführt (viele schon um die Weihnachtszeit). Meistens ist die Motivation sehr groß, einen Leseausweis zu erhalten und in den Lesezeiten selbstständig lesen zu dürfen. Auch Regenpausen werden sehr gern zum Lesen genutzt. Durch die unterschiedlichen Anreize und die Tatsache, dass das Kind das lesen darf, was es wirklich interessiert, erhält das Lesen einen besonderen Wert sowie einen festen Rahmen in der Klasse.

Aufgabe der Woche

Die Aufgabe der Woche ist ein spannender Anlass, sich individuell mit einer Frage oder Aufgabe zu beschäftigen. Die Schüler sollen motiviert werden, sich gezielt mit einem Sachverhalt auseinanderzusetzen und problemlösend zu denken.
Geben Sie an einem bestimmten Tag der Woche an einem festgelegten Punkt in der Klasse (z. B. an einer Magnettafel) die Frage der Woche bekannt. Ihr Charakter sollte möglichst motivierend und abwechslungsreich, also aus völlig verschiedenen Themen entspringend sein, sodass mit unterschiedlichen Fragen verschiedene Kinder angesprochen werden.
Für die Frage der Woche eignen sich z. B. Logicals, Naturphänomene, die erklärt werden sollen oder Geschichten zum Um-die-Ecke-denken. Auch eine Kapitänsaufgabe (also eine unlösbare Aufgabe) oder Wortspiele regen das Denken an.
Für die Bearbeitung der Frage der Woche gibt es mehrere Varianten:

- Die Bearbeitung ist völlig freiwillig.
- Es wird ein Wettbewerb ausgeschrieben. Wer die Frage zuerst löst, erhält einen kleinen Preis (z. B. Spiel im Sportunterricht wünschen, Hausaufgabengutschein ...).
- Die Frage der Woche ist in den Wochenplan integriert und wird dementsprechend bearbeitet.

Wechseln Sie am besten zwischen Knobelfragen und Schreibanlässen. Ich stelle ab und zu auch Fragen der Woche wie „Schreibe deinen Lieblingswitz auf.", „Welches Obst magst du am liebsten? – Schreibe ein Rätsel dazu.", „Berichte von deinem schönsten Ferienerlebnis.".
Sind die Kinder mit dem System und der Art der Frage der Woche vertraut, kann es durchaus motivierend sein, wenn sie selbst die Frage der Woche stellen dürfen.

Klassentier-Tagebuch

Das Klassentier-Tagebuch bietet einen zusätzlichen Schreibanlass. Freitags wird z. B. ein Kind ausgelost, bei dem das Klassen-Kuscheltier das Wochenende verbringen darf. Dieses Kind nimmt das Kuscheltier und das Klassen-Tagebuch mit nach Hause und schreibt auf, was es zusammen mit dem Klassentier am Wochenende erlebt hat. Es können auch Zeichnungen, Eintrittskarten oder Fotos in das Buch geklebt werden. Der Bericht wird dann am Montag im Morgenkreis vorgelesen. Mit der Zeit steigt das Niveau: Die Kinder kleben z. B. Fotoausdrucke ein, auf denen sie mit dem Klassentier bei einer bestimmten Aktion zu sehen sind. Das Buch sollte während der Woche in der Bücherecke stehen, um von den Kindern angeschaut werden zu können. Auch die Bücher vergangener Schuljahre können in der Klassenbibliothek verbleiben. Für Geschwisterkinder ist es manchmal interessant zu entdecken, wie und was ihr größerer Bruder oder ihre Schwester in das Buch geschrieben hat.

Geübte Texte vorlesen

Neben dem sinnerfassenden Lesen halte ich auch das flüssige Vorlesen für eine wichtige, grundlegende Kompetenz.
Sobald die ersten Schüler lesen können (oft schon in den ersten Schulwochen), erhalten sie im Wochenplan montags diese Aufgabe: „Nimm dir einen passenden Lesetext und übe, den Text flüssig vorzulesen." Möglichst zum Unterrichtsthema passend, kopiere ich verschiedene Lesetexte unterschiedlicher Schwierigkeitsstufen. In einer jahrgangsübergreifenden ersten und zweiten Klasse empfehle ich, fünffach zu differenzieren und die Texte je nach Schwierigkeitsstufe mit einem bis fünf Sternen zu markieren. Ich denke, dass für eine altershomogene Klasse eine dreifache Differenzierung ausreichend ist. Schüler mit sehr hoher Vorlesekompetenz dürfen sich auch eigene Texte aussuchen, die sie am Ende der Woche vortragen.
Die Schüler dürfen sich selbstständig für eine Schwierigkeitsstufe entscheiden. In der Regel klappt die Auswahl sehr gut. Wenn überhaupt, überschätzen sich Schüler eher, als dass sie sich einen zu leichten Text nehmen. Die Woche über haben die Schüler dann Zeit, den Text zu Hause oder während der Wochenplan- oder Lesezeit zu üben.
Freitags habe ich eine feste Vorlesestunde etabliert, in der die geübten Texte vorgelesen werden. Nachdem ein Schüler gelesen hat, wird zuerst applaudiert. Anschließend darf der Schüler zwei weitere Schüler aufrufen, die ihm eine Rückmeldung zu seiner Lesequalität geben. Ich dokumentiere während des Lesens seine Leistung und gebe dem Schüler abschließend ebenfalls eine Rückmeldung. Bereits in der ersten Klasse brauche ich mich dabei häufig nur der Schülereinschätzung anzuschließen. Es ist beachtlich zu sehen, wie schnell sich die Schüler selbst und gegenseitig gut einschätzen können.

3.6 Umgang mit Schwierigkeiten – belohnen und disziplinieren

Ich habe die Erfahrung gemacht, dass die meisten Schüler hochmotiviert in die Schule kommen, bereit, „richtige Schulkinder“ zu werden und sich an die Regeln zu halten. Haben Kinder Schwierigkeiten damit, liegt es häufig an der emotionalen oder sozialen Entwicklung dieser Kinder. In den seltensten Fällen wollen die Schüler sich nicht an die Regeln halten oder gar den Lehrer herausfordern oder ärgern.
Nachfolgend stelle ich einige Möglichkeiten vor, die sich zur Disziplinierung und zur Durchsetzung von Regeln eignen. Ich bevorzuge dabei Systeme, die auf Belohnung setzen und damit motivierend wirken.

Wie gesagt, kommen die Schüler bereits hochmotiviert in die Schule. Häufig genügt deshalb schon ein einfaches Lob. Doch für Erwachsene ist es manchmal gar nicht so leicht zu erkennen, welche Bedeutung eine gemeisterte Aufgabe für das Kind hat. Außerdem ist die Lobkultur in Deutschland nicht gerade ausgeprägt: Viele Arbeitnehmer leiden darunter, dass ihre Arbeit nicht adäquat gewürdigt wird. Wie schnell äußert man selbst im Alltag Kritik (gerade als Lehrer), und wie selten übermittelt man dem Nächsten etwas Positives? Wie glücklich und stolz ist man dagegen selbst, wenn man für eine Sache gelobt wird oder eine positive Rückmeldung erhält? Machen Sie sich dies in Bezug auf Ihre Klasse immer wieder bewusst. Ich bin sicher, mit viel (ehrlichem Lob) lassen sich einige Schwierigkeiten, insbesondere in den ersten beiden Schuljahren, schon umgehen.
Regelmäßiges Lob bedeutet jedoch nicht, dass jede Tätigkeit belohnt werden muss. Ich empfinde es z. B. als selbstverständlich, dass die Schüler durch die Ordnungsdienste für Sauberkeit im Klassenraum sorgen. Die sorgfältige Erledigung dieser Dienste wird von mir deshalb gewürdigt und gelobt. Eine Belohnung, z. B. in Form einer Süßigkeit oder eines Stickers, gibt es dafür jedoch nicht, da ich nicht forcieren möchte, dass das Aufräumen mit einer Belohnung verbunden wird. So entsteht keine Erwartungshaltung bei den Schülern: „Ich habe gefegt. Bekomme ich jetzt einen Bonbon?“ Viel schöner ist es, wenn die Klasse ab und zu unerwartet mit einer Belohnung oder einer „Extrarunde“ bedacht wird.

Am schlimmsten an Störungen empfinde ich die Unterbrechung, die unweigerlich erfolgt. Egal ob Schüler dazwischenreden oder ein anderer Regelverstoß erfolgt: Man unterbricht den Unterricht, um den Schüler verbal auf seinen Regelverstoß hinzuweisen. Gerade bei unruhigen Klassen bedeutet das eine permanente Unterbrechung des Unterrichtsflusses. Dadurch werden teilweise selbst Schüler abgelenkt, die vorher dem Unterricht aufmerksam gefolgt sind. Auch für Sie als Lehrer ist es schwer, den Spannungsbogen zu halten und nicht aus dem Konzept zu kommen.
Aus diesem Grund favorisiere ich nonverbale Disziplinierungsmaßnahmen.

Regelwächter

Der Regelwächter ist ein Kind, das eingeteilt wird, um auf die Lautstärke während der Arbeitsphase zu achten.
Steigt die Lautstärke an, entscheidet das Kind selbstständig, zum Klangkörper (z. B. Klangschale, Glocke oder Triangel) zu gehen und diesen anzuschlagen. Alle Kinder werden dadurch erinnert, wieder leiser zu arbeiten. Fühlt sich ein anderes Kind durch die Lautstärke gestört, geht es leise zum Regelwächter und weist ihn darauf hin. Er läutet daraufhin mit der Glocke.
Regelwächter können auch zur Kontrolle anderer Regeln eingesetzt werden. Sie achten während der Stunde oder des Tages besonders darauf, ob die vorher vereinbarte Regel eingehalten wurde. Am Stunden- oder Tagesende (z. B. im Abschlusskreis) wird das Kind gefragt, wie seiner Meinung nach die Regel eingehalten wurde. Alternativ können auch erst beliebige Kinder gefragt werden, bevor das Kind, was eingeteilt war, seinen Eindruck widergibt. Abschließend können Sie Ihre Wahrnehmung schildern. Im Nichteinhaltungsfall kann gemeinsam über Konsequenzen bei einem erneuten Regelverstoß nachgedacht werden: Einige Kinder haben wieder das Material nicht ordentlich weggeräumt? Dann müssen sie einen Extra-Ordnungsdienst in der Pause oder im Anschluss an den Unterricht absolvieren.
Es kann sinnvoll sein, Kinder als Regelwächter einzusetzen, die selbst Schwierigkeiten mit dem Einhalten der bestimmten Regel haben. Durch die Wächterfunktion werden sie motiviert, sich besonders an die Regel zu halten, da sie eine Vorbild- und Kontrollfunktion übernehmen.

Gelbe Karte

Die Gelbe Karte ist in Anlehnung an den Fußball ein einfaches nonverbales Disziplinierungsmittel. Laminieren Sie dazu einfach ein gelbes Blatt Papier, oder besorgen Sie echte Karten aus dem Sporthandel.
Ist ein Schüler unruhig oder hält sich nicht an andere Regeln, versuche ich zuerst, ihn durch (teilweise mehrfachen) Blickkontakt zu ermahnen. Funktioniert dies nicht, erhält er die Gelbe Karte, die ich wortlos auf seinen Tisch lege. Erfolgt durch ihn ein weiterer Regelverstoß in derselben Stunde, zeige ich ihm die Rote Karte, d. h., ihn erwartet eine Disziplinierungsmaßnahme. Um welche es sich handelt, entscheide ich situationsbedingt. Einige Ideen habe ich im Kapitel „Klassenregeln" (S. 37) beschrieben.

Das Stein-System

Dieses System ist ein komplexeres Disziplinierungssystem für die gesamte Klasse. Ich nutze es, wenn es sich um eine unruhige Klasse handelt, in der mehrere auffällige Kinder sind, was es erschwert, den Unruheherd auszumachen. Das System sollte möglichst durchgängig, d. h., wenn möglich, auch von Fachlehrern angewandt werden.
Jeder Schüler erhält zu Tagesbeginn drei Glassteine. Die Steine liegen den gesamten Tag über an der oberen Tischkante. Wer damit herumspielt, verliert bereits einen Stein. Missachtet ein Schüler eine Regel, wird er zuerst durch

Blickkontakt ermahnt. Reagiert er darauf nicht, wird ihm vom Lehrer wortlos ein Stein weggenommen. Hat ein Schüler am Tagesende noch alle drei Steine, erhält er einen Stempel in sein Mitteilungs- oder Hausheft. Schüler mit einem oder zwei Steinen erhalten nichts – auch keine Disziplinierungsmaßnahme. Hat ein Schüler keinen Stein mehr, muss er die Konsequenzen tragen (meist ein Eintrag im Hausaufgabenheft). Wer eine abgemachte Anzahl (bei mir zehn oder 15) von Stempeln angesammelt hat, erhält einen Hausaufgabengutschein oder darf sich im Sportunterricht oder einer freien Unterrichtsphase ein Spiel für die Klasse wünschen.
Der Vorteil dieses Systems liegt darin, dass unauffällige Schüler im Mittelpunkt stehen. Oft fordern schwierige Schüler unsere ganze Aufmerksamkeit, sodass die Schüler, die sich eigentlich angemessen verhalten, untergehen. Durch das Stein-System wird dem entgegengewirkt.

Tischwettkampf/Gruppenwettkampf

Bei diesem System steht die Leistung als Gruppe im Vordergrund und motiviert die Schüler zu regelkonformem Verhalten.
Die Sitzordnung gibt die Gruppeneinteilung vor: Bei Gruppentischen „spielen" die einzelnen Gruppen gegeneinander, ansonsten kann man die Schüler vielleicht in eine Wand-, Mittel- und Türgruppe einteilen. Zur Klasse passend, werden auf einer Magnettafel Symbole in der Anzahl der Gruppen vorbereitet (z. B. Luftballons, Smileys, ein bestimmtes Tier).
Ist das Kind einer Gruppe laut, wird das Gruppensymbol ein Feld nach unten, oben oder zur Seite versetzt. Am Ende der Stunde oder des Tages erhält die Gruppe, deren Symbol nicht oder am wenigsten versetzt wurde, einen Stempel. Wie beim Stein-System darf sich die Gruppe nach mehreren Stempeln ein Spiel wünschen.
Der Vorteil bei diesem System liegt darin, dass sich die Schüler gegenseitig disziplinieren, da die Gruppe gewinnen will. Außerdem können Symbole auch zurückgesetzt werden, wenn sich die Gruppe eine bestimmte Zeit lang besonders vorbildlich verhalten hat.

„Stunde der verlorenen Zeit"

Diese Idee ist für meine Arbeit mit dem Wochenplan entstanden. Sie kann aber auch allgemein angewandt werden und sich auf Aufgaben, die in Arbeitsphasen nicht geschafft wurden, beziehen.
Um eine zusätzliche Motivation zum zügigen, zielstrebigen Arbeiten zu geben, habe ich die „Stunde der verlorenen Zeit" eingeführt. In der letzten Wochenplanstunde der Woche dürfen alle Schüler, die zielstrebig und zügig gearbeitet und ihr Aufgabenpensum geschafft haben, sämtliche im Raum vorhandenen Materialien nutzen und sich damit frei beschäftigen. Stelle ich fest, dass ein Schüler die Woche über zielstrebig gearbeitet hat, aber den Wochenplan trotzdem nicht beenden konnte, streiche ich ihm Aufgaben. Er darf sich dann ebenfalls frei beschäftigen. Schüler, die aufgrund schlechter Zeiteinteilung, Trödeln

oder Abgelenktsein ihr Aufgabenpensum nicht erreicht und damit Zeit verloren haben, müssen diese, möglichst in einem separaten Raum, nachholen.
Diese Methode hat sich als sehr effektiv erwiesen. Schaffen Schüler selbst in dieser Zeit ihre Aufgaben nicht, entscheide ich, ob sie diese am Wochenende zu Hause beenden müssen und vermerke es in Form eines Stempels „Wochenplanaufgabe nicht geschafft! Bitte nachholen." in der letzten Spalte ihrer Aufgabenübersicht.
Für die meisten Schüler ist die „Stunde der verlorenen Zeit" ein großes Highlight, auf das sie sich die ganze Woche freuen. Sie sind stolz, dass sie ihre Aufgaben geschafft haben und mit allen vorhandenen Materialien spielen dürfen. Dabei ist ihnen nicht bewusst, dass sie trotzdem lernen, da im Raum für gewöhnlich nur Lernspiele vorhanden sind.

3.7 Wer arbeitet, braucht auch Pausen

Wie Sie von sich selbst wissen, sind Pausen ein wichtiger Teil der Arbeit. Deshalb sollten sie von Beginn an als fester Bestandteil des schulischen Alltags behandelt werden. Machen Sie den Schülern bewusst, dass es wichtig ist, sich in vorgegebenen Pausen zu entspannen, um den Kopf frei zu bekommen. Festgelegte Pausen sind dabei die Frühstückspause sowie die Hofpause(n).
In vielen Grundschulen herrscht, insbesondere in den ersten zwei Jahrgängen, das Klassenleiterprinzip. Ich halte es für sehr sinnvoll, da es für den nahezu alles unterrichtenden Lehrer einfacher ist, den Schultag zu rhythmisieren und an die Klasse und Umstände angepasste Unterrichtssequenzen zu entwickeln. Zusätzlich zu den vorgegebenen Pausen können eigene Pausen eingeführt werden. Geöffnete Arbeitsformen lassen Schülern außerdem den Spielraum, selbstständig kurze Unterbrechungen einzulegen.
Studien besagen, dass die Aufmerksamkeitsspanne etwa der doppelten Zahl des Alters in Minuten entspricht. Ein Sechsjähriger kann sich also nicht viel länger als zwölf Minuten auf eine Sache konzentrieren. Durch Training und besonders motivierende Aufgabenstellungen kann man die Spanne sicherlich noch ein wenig ausweiten, dennoch sollte der Unterricht – zusätzlich zu den Pausen – immer wieder auch von Phasenwechseln und Auflockerungen unterbrochen werden. Dabei muss besonders im ersten und zweiten Schuljahr dem Bewegungsdrang dieser Altersgruppe entgegengekommen werden. Im Folgenden beschreibe ich dafür einige Möglichkeiten.

Entspannungsrituale

Gerade in den ersten Wochen, in denen es die Kinder noch nicht gewöhnt sind, in einer so großen Gruppe zusammenzuarbeiten, einander zuzuhören und aufeinander Rücksicht zu nehmen, sind kurze Spiele, die die Kinder aus der Konzentration nehmen, Bewegung ermöglichen und entspannend wirken, besonders wichtig.

Spiele zur Auflockerung

Rakete

Eine Rakete steigen zu lassen, bietet sich in unterschiedlichen Situationen an: Ich nutze sie gern zwischendurch zum Üben von Zahlenreihen auf Deutsch oder Englisch. Sie kann aber auch als Belohnung oder zu Geburtstagen von einem bestimmten Kind gestartet werden.
Ein Kind darf sich eine Farbe aussuchen. Dann schlagen alle Kinder abwechselnd mit den flachen Händen auf ihre Oberschenkel und zählen dabei zusammen im vereinbarten Zahlenraum (z. B. rückwärts von zehn bis null). Bei null schlagen alle noch einmal auf ihre Oberschenkel und zünden dann die Rakete mit einem „Booooom". Dabei heben sie die Hände wie zum Starten und führen sie soweit nach oben wie sie können. Auf dem höchsten Punkt angekommen, hört man ein „Ahhhhh". Dabei werden die Finger gespreizt und bewegt, als ob die einzelnen Raketenteile glitzern. Während die Arme langsam mit sich weiter bewegenden Fingern wieder zum Schoß geführt werden, sagen alle „eine … (gewählte Farbe) Rakete".
Starten Sie ruhig mehrere Raketen hintereinander und variieren Sie dabei die Zahlenräume. Allerdings sollten nicht zu viele Raketen gen Himmel geschickt werden, da das Spiel sonst langweilig wird. Spielen Sie es lieber des Öfteren an verschiedenen Tagen und lassen Sie auf diese Weise jedes Kind einmal die Farbe bestimmen.

Dirigent

Die Schüler sitzen im Stuhlkreis. Ein Schüler wird vor die Tür geschickt. Anschließend wird im Klassenraum ein Schüler zum Dirigenten gewählt. Der Schüler wird wieder hereingeholt. Nun soll er den Dirigenten unter den Schülern ausfindig machen. Hierbei müssen die Schüler das nachmachen, was der Dirigent möglichst unauffällig vorgibt (z. B. hüpfen, sich am Kopf kratzen, verschiedene Rhythmen klatschen). Die Runde ist beendet, wenn der Schüler den Dirigenten benennt.

Lebendes Memorix

Zwei Schüler werden vor die Tür geschickt. Während sie draußen sind, werden immer zwei Schüler bestimmt, die die gleiche Bewegung ausführen (z. B. hopsen, klatschen, ein Musikinstrument nachahmen). Dann werden die beiden Schüler wieder hereingeholt. Sie dürfen abwechselnd zwei Schüler bestimmen, die ihre Bewegung vormachen müssen. Wer ein Pärchen mit gleichen Bewegungen gefunden hat, bekommt einen Punkt. Sieger ist, wer am meisten Paare gefunden hat.

Kimspiel

Ein Schüler geht vor die Tür. Im Raum wird etwas deutlich verändert (zwei Schüler tauschen ihren Platz, eine Blume steht woanders usw.). Nun wird der Schüler hereingeholt und muss die Veränderung entdecken.

Eselsgalopp

Alle sitzen bequem im Kreis. Der Lehrer erzählt die Geschichte, die Schüler machen die Bewegungen mit:
„Wir wollen ein Eselrennen veranstalten. Wir schleichen uns in den Eselstall *(mit den Fingern ganz leicht auf die Oberschenkel tapsen)*. Wir suchen uns einen Esel aus *(die Hand an die Stirn legen und suchen)* und setzen uns darauf *(kurz aufstehen, aufsteigen und wieder setzen)*. Plötzlich kommt der Bauer in den Stall und schreit *(kurz aufschreien)*. Schnell losreiten! *(Mit den Händen auf die Oberschenkel klatschen)*. Die Stalltür aufmachen *(links, rechts greifen)*, über den Hof reiten und über den Zaun springen *(kurzer Hopser)*. Wir machen eine scharfe Kurve nach links *(nach links lehnen)*, eine Kurve nach rechts *(nach rechts lehnen)*, reiten unter dem nächsten Zaun drunter durch *(nach vorne lehnen und ducken)*, reiten auf einen Berg – uff, das ist anstrengend! – *(das Klatschen auf den Oberschenkeln wird langsamer)* und oben angekommen sausen wir ganz schnell hinunter ins Tal *(auf die Oberschenkel klatschen so schnell es geht)*."

Die Geschichte kann noch beliebig erweitert werden. Zum Schluss könnten die Esel wieder heimlich und leise im Stall ankommen.

Hallo, mein Name ist Joe!

Für dieses Singspiel stehen alle Schüler im Kreis. Gemeinsam wird der Text rhythmisch gesprochen und die jeweilige Bewegung ergänzt. Auf der einen Seite ist das Spiel motorisch und kognitiv anspruchsvoll, da immer mehr Handlungen gleichzeitig ausgeführt werden. Auf der anderen Seite kommt der Spaßfaktor nicht zu kurz, da spätestens beim Einsatz der Zunge keiner mehr ernst bleiben kann …

Refrain
Hallo, mein Name ist Joe.
Und ich arbeite in einer Knopffabrik.
Eines Tages kam mein Chef zu mir
und fragte mich, ob ich beschäftigt bin.
Ich sagte: No. Da sagte er:

… dann dreh den Knopf mit der rechten Hand.
(Rechten Arm nach vorn strecken, rechte Hand hin und her drehen.)

Refrain

… dann dreh den Knopf mit der linken Hand.
(Linken Arm nach vorn strecken, linke Hand hin und her drehen.)

Refrain

Weitere Strophen:
… dann dreh den Knopf mit den Schultern. *(Beide Schultern kreisen lassen.)*
… dann dreh den Knopf mit dem Bauch. *(Kreisbewegungen des Bauches)*

… dann dreh den Knopf mit dem Po. *(Kreisbewegungen des Pos)*
… dann dreh den Knopf mit dem rechten Bein. *(Rechtes Bein kreist.)*
… dann dreh den Knopf mit dem linken Bein. *(Linkes Bein kreist.)*
… dann dreh den Knopf mit der Zunge. *(Zunge herausstrecken und kreisen lassen.)*

Schluss
Hallo, mein Name ist Joe.
Und ich arbeite in einer Knopffabrik.
Eines Tages kam mein Chef zu mir
und fragte, ob ich beschäftigt bin.
Ich sagte: Oh, ja!!

Charmaine Liebertz: „Spiele zum ganzheitlichen Lernen",
Burckhardthaus c/o Körner Medien UG, München 2014

Partnermassagen

Im normalen Alltag werden die meisten Reize visuell oder auditiv wahrgenommen. Dem Tastsinn wird weniger Bedeutung beigemessen. Dabei wird er für viele schulische und auch alltägliche Fertigkeiten benötigt. Insbesondere jüngere Kinder lernen besonders stark über den Tastsinn. Sie „begreifen" ihre Umwelt. Ein ausgeprägter Tastsinn ist für eine positive feinmotorische Entwicklung enorm wichtig.
Partnermassagen ermöglichen eine ganzheitliche Körpererfahrung. Die taktile Wahrnehmung wird sensibilisiert. Gleichzeitig sollen das Berühren und Streicheln ein angenehmes Gefühl wecken und Vertrauen schaffen. Durch eine ruhige Atmosphäre, die teilweise auch durch Musik untermalt werden kann, können sich die Kinder beruhigen und neue Kraft sammeln. Für Schüler im ersten oder zweiten Schuljahr bieten sich Themenmassagen an.
Es gibt mehrere Möglichkeiten, die Massagen durchzuführen: Entweder massiert ein Kind seinen Platznachbarn und danach wird getauscht, oder die Kinder stehen oder sitzen im Kreis und drehen sich alle nach rechts, so dass sie den Rücken des Vorderkindes vor sich haben. Die Hände werden dem Vorderkind auf die Schultern gelegt. Dann beginnen sie eine sanfte Massage zu den Vorgaben des Lehrers.

Elefantenmassage

Ein Elefantenkind geht am Fluss spazieren
(mit den Fäusten über den Rücken laufen).
Es kommt an ein besonders matschiges Flussufer und beginnt,
im Matsch zu spielen
(die Fäuste sachte auf dem Rücken kreisen).
Dabei planscht es im nassen Matsch, sodass das Wasser spritzt
(leichtes Tupfen mit einzelnen Fingern).
Das Elefantenkind spielt fröhlich weiter im Matsch
(wieder die Fäuste sachte auf dem Rücken kreisen).

Als die Elefantenmama ruft, läuft es rasch nach Hause
(mit den Fäusten schnell über den Rücken laufen).
Die Elefantenmama stellt das Elefantenkind in die Badewanne und seift es ein
(streichende Bewegungen mit der flachen Hand).
Dann rubbelt sie das Elefantenkind trocken
(energischere Bewegungen mit der flachen Hand)
und hüllt es in ein warmes Handtuch
(mit den Händen von oben nach unten über den gesamten Rücken streichen).

Kuchen backen
Zuerst wird der Teig gemacht. Was brauchen wir für Zutaten?
(Die Kinder können die Zutaten selbst nennen):
Mehl
(streichende Bewegungen mit der flachen Hand),
Eier
(eine leichte aufschlagende Berührung mit allen Fingern),
Schokoladenraspel
(mit einzelnen Fingern auf den Rücken tippen),
Zucker
(mit allen Fingerspitzen gleichzeitig leicht klopfen),
Äpfel
(die Fäuste sachte auf dem Rücken kreisen)
...
Dann wird der Teig gut durchgeknetet
(Rücken kneten)
und in die Backform gefüllt
(von oben mit beiden Händen nach unten streichen).
Zum Schluss schieben wir den Kuchen in den heißen Ofen
(Hände schnell aneinander reiben und dann auf den Rücken legen).

Zwingen Sie die Schüler nicht, mit dem Platznachbarn zusammenzuarbeiten. Da es um Körperberührungen geht, ist es wichtig, dass die Partner in einem vertrauensvollen Verhältnis zueinander stehen und ihnen Berührungen angenehm sind. Kinder, die überhaupt nicht teilnehmen wollen, können zuschauen. Sie müssen sich während der Durchführung jedoch absolut ruhig verhalten.

Stilleübungen
Aufgrund der medialen Überforderung und Reizüberflutung schon vor dem Schuleinstiegsalter gewinnen Stille- und Ruheübungen zunehmend an Bedeutung. Um den hektischen Alltag und damit verbundene Gedanken loslassen zu können, muss die Atmosphäre ruhig und entspannt sein. Dazu müssen Lärm- und Störquellen beseitigt oder zumindest minimiert werden. Unterstützend können auch das Abdunkeln des Raumes, das Entzünden von Kerzen oder das Verwenden indirekter Lichtquellen sowie das Vorspielen leiser, ruhiger Musik wirken.

Mittlerweile gibt es eine Fülle von Ideen und Materialien zu Stille- und Ruheübungen. Die natürlichste Art der Stilleübung ist, gar nichts zu tun oder zu sagen. Da dies für Kinder des ersten oder zweiten Schuljahres sehr schwierig ist und manchmal auch dazu führt, dass Kinder albern werden oder laut loslachen, können Sie einige Tricks anwenden.

Die Nadel fallen hören

Fordern Sie die Kinder auf, sich bequem hinzusetzen und den Kopf auf den verschränkten Armen auf den Tisch zu legen. Alle Schüler schließen die Augen und horchen in die Stille hinein. Nach einiger Zeit lassen Sie einen Gegenstand fallen (beginnen Sie mit etwas gut Hörbarem und nutzen Sie in den folgenden Runden immer leichtere oder kleinere Gegenstände). Wer das Aufkommen des Gegenstandes gehört hat, meldet sich leise.

Musik hören

Ebenfalls entspannend wirkt das Hören eines klassischen Musikstückes. Auch hierzu sollen sich die Schüler bequem hinsetzen und den Kopf auf dem Tisch ablegen. Im Anschluss an das Stück kann kurz gesammelt werden, wie sich die Schüler gefühlt haben. Als Variante können Sie den Schülern den Arbeitsauftrag geben, sich gedanklich an ihren Lieblingsort zu versetzen. Auch hier kann hinterher eine Auswertungsrunde erfolgen, in der die Schüler erzählen, wo sie sich befunden und was sie sich vorgestellt haben.

Fantasie- oder Traumreisen

Fantasiereisen sind Übungen, die die eigene Vorstellungskraft beflügeln und dadurch eine innere Entspannung erzeugen sollen. Durch die konkrete Anleitung sind sie gut für Schüler im Schuleintrittsalter geeignet.
Während der Text ruhig gesprochen wird, werden die Kinder angeregt, sich in die Situation des Textes zu versetzen. In ihrer Fantasie erzeugen sie eigene Vorstellungen und innere Bilder. Im Laufe der Übung entspannen sie sich immer mehr und sollten am Ende der Übung ausgeglichen und bereit sein, neue Eindrücke aufzunehmen.

Fantasiereise „Der Bergausflug"

Einleitung in die Fantasiereise:

Ich möchte euch heute zu einer ganz besonderen Reise einladen. Dafür müsst ihr ganz leise sein und mir genau zuhören. Ihr werdet sehen, dass ihr allein mit eurer Fantasie eine Reise machen könnt, ohne in ein Flugzeug oder ein Auto steigen zu müssen. Dafür setzt/legt ihr euch bequem hin und schließt bitte eure Augen.

Versuche nun, alle anderen Gedanken die du hast, zu vergessen.
Stell dir vor, du wolltest schlafen, aber du bist nicht müde.
Du bist gespannt, wohin dich die Reise bringen wird.
Wird es ein Abenteuer oder vielleicht ein Ausflug?

Aber du weißt, du brauchst nicht mehr zu reden, nur noch zu lauschen.
Du liegst oder sitzt ganz ruhig und entspannt (auf dem Boden).
Der Nacken und die Schultern fühlen sich leicht an.
Die Hände und Arme sind ganz entspannt.
Deine Beine können sich nun erholen vom vielen Laufen.
Das Gesicht ist ganz entspannt und du atmest ruhig.
Es gibt nichts mehr, was dich stört.
Du fühlst dich wohl und es geht dir gut.
Nun kann unsere Reise beginnen.

„Der Bergausflug"
Stell dir vor, du fährst mit der Seilbahn auf einen hohen Berg.
Dort oben ist eine gut geschützte, eingezäunte Aussichtsplattform.
Dort setzt du dich hin und kannst die Aussicht genießen.
Die Sonne scheint und es ist angenehm warm.
Du hast Zeit. Die letzte Seilbahn fährt erst in ein paar Stunden.
Die Sonnenstrahlen wärmen dein Gesicht und deinen Rücken.
Du schaust dir die wunderschöne Landschaft genauer an.
Unten im Tal liegt ein See.
Dort fahren einige Segelboote.
Auf dem Uferweg erkennst du ganz klein eine Gruppe von Reitern.
Der Wind streicht sanft durch deine Haare.
In deiner Tasche ist eine Kanne mit warmen Tee.
Du trinkst einen Schluck
und freust dich über den guten Geschmack deines Lieblingstees.
Unter dir ist eine Weide mit Kühen.
Kannst du sie sehen?
Dort spielen und tollen zwei Kälbchen herum.
Das sieht lustig aus und du musst lächeln.
Du streichst mit der Hand durch das Gras neben dir.
Es ist weich und riecht gut.
Du atmest tief ein und aus.
Nun bist du ein wenig müde,
legst dich auf den warmen Boden
und schläfst ein.

Rückhol-Phase:
Wenn du wieder aufwachst, sitzt du wieder an deinem Platz.
Du hast die Augen noch zu und genießt die Ruhe.
Nichts ist zu hören.
Alles ist ruhig und unbeschwert.
Atme ein und aus, ein und aus,
ein und aus, ein und aus.
Strecke nun die Arme über den Kopf.
Recke und strecke dich.

Langsam öffnest du die Augen.
Schau um dich herum
und sei wieder ganz im Hier und Jetzt.

3.8 Lernstandsanalysen, Leistungskontrollen und Bewertung

Viele Bundesländer fordern mittlerweile zu Schulbeginn die Durchführung einer bestimmten Lernstandsanalyse. Ich halte eine Analyse und genaue Beobachtung zu Schulbeginn (und eigentlich die gesamte Schulzeit über) zwar für sehr wichtig, stehe vorgefertigten Lernstandsanalysen jedoch teilweise skeptisch gegenüber. Oftmals sind sie aufgrund eines hohen mündlichen Anteils ohne die Hilfe einer zweiten Person nicht durchführbar. Außerdem ist ihre Auswertung häufig sehr aufwändig. Aus diesem Grund benutze ich in den ersten Wochen viele Aufgaben, die mir Auskunft über den Lernstand der Kinder geben.

Dokumentation von Schülerleistungen

Da ich sehr früh mit der Wochenplanarbeit beginne (meist gleich in der ersten oder zweiten Schulwoche), kann ich den Schülern früh individuelle Arbeitsaufträge geben, mit deren Hilfe ich Lernstände kontrollieren kann. Außerdem habe ich auf diese Weise mehr Zeit für Beobachtungen. Erst bei Auffälligkeiten führe ich mit einzelnen Kindern weitere, systematische Analysen durch, um möglichst frühzeitig Förderschwerpunkte zu erkennen. Die Schülerakten schaue ich mir nur an, wenn ich bereits Auffälligkeiten entdeckt habe.
An meiner Schule gibt es einige wenige Tests in Deutsch und Mathematik, die wir mit allen Kindern im Laufe des Schuljahres durchführen. Neben diesen dokumentiere ich Lernfortschritte in einem Übersichtsblatt für jedes Kind. Dort vermerke ich auch allgemeine Auffälligkeiten (positiv und negativ) und notiere mir, wie die Arbeitshefte bearbeitet werden, ob eigene Wörter/Sätze und kleine Geschichten geschrieben wurden, wie die Leseentwicklung verläuft, wie viele und welche Bücher in der Lesezeit gelesen, wie oft Arbeitsmittel vergessen und welche Gedichte gelernt wurden. Diese Aufzeichnungen bilden meine Grundlage für Elterngespräche und Zeugnisse.
Ergänzend sammele ich einige Arbeiten und Tests der Kinder und gebe sie zusammen mit dem Zeugnis als eine Art Portfolio am Ende des Schuljahres zurück.

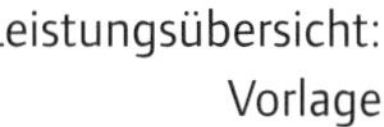
Leistungsübersicht: Vorlage

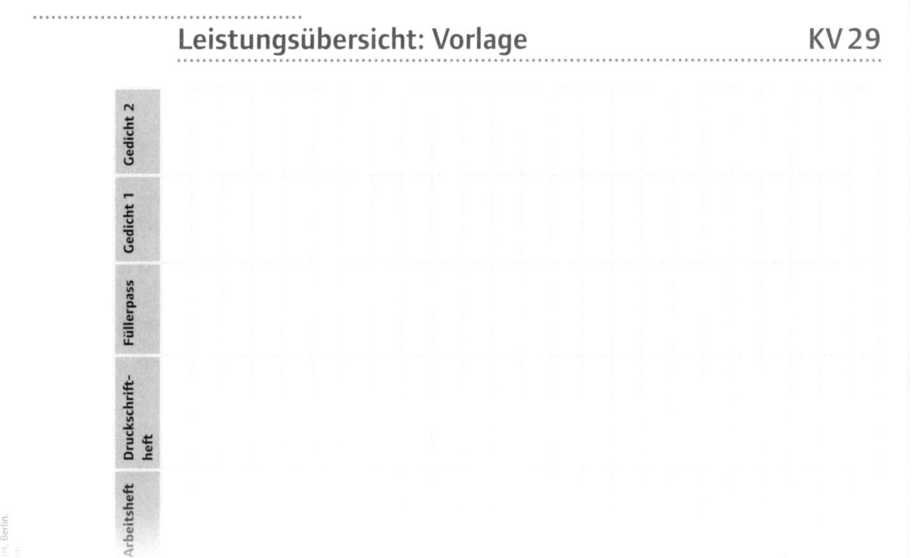

CD KV 29

Könnensheft

Eine gute Alternative kann ein „Könnensheft" sein, in dem bestimmte Lernziele vermerkt sind. Wurden die Lernziele erreicht, wird dies mit Datum und Unterschrift vermerkt. Dabei handelt es sich in einem guten Heft nicht nur um inhaltliche, sondern auch um soziale und emotionale Kompetenzen. Durch das Könnensheft wird der Lernstand für die Eltern transparent. Sie werden außerdem darüber informiert, welche Ziele zum Erreichen der nächsten Klassenstufe erfüllt werden müssen.

Einige Verlage bieten mittlerweile vorgefertigte Könnenshefte bzw. Textbausteine für Diagnosebögen an, die bundeslandübergreifend Lernziele berücksichtigen (z. B. Hintze 2012).

Sie können auch ein eigenes Könnensheft erstellen, das auf das schulinterne Curriculum zugeschnitten ist. In einer Spalte „geschafft" oder „erreicht" kann das Datum eintragen werden, wenn das jeweilige Lernziel erreicht wurde.

In meiner Schule gibt es für unser Heft Lernstandskontrollen, die die Kinder eigenständig durchführen können. Dazu befindet sich im Klassenraum ein Ordner, der Kopien der Lernstandskontrollen enthält. Je nachdem, wie geöffnet Sie arbeiten, kann der jeweilige Test entweder im Klassenverband oder selbstständig von einzelnen Kindern entnommen und bearbeitet werden. Anschließend kontrollieren Sie den Test. Bei uns gibt es die Spalten „gut geschafft", „geschafft" und „fast geschafft". Hat ein Kind einen Test nicht geschafft, kann es ihn nach weiterem Üben wiederholen.

Das Könnensheft verbleibt bei den Schülern in der Postmappe, damit die Eltern jederzeit den Überblick darüber haben, wo ihr Kind gerade steht.

Portfolio

Portfolios sind Mappen, in denen Arbeitsergebnisse, Dokumente, Zeichnungen und alle Arten von Präsentationen oder Kunstwerken möglichst eigenständig von Lernenden gesammelt werden. Das Portfolio dokumentiert damit nicht nur Lernergebnisse, sondern auch den Lernweg und Lernfortschritte.

Während das Portfolio in höheren Klassen auch zur Eigenanalyse des Lernprozesses genutzt wird, dient es in den ersten zwei Schuljahren eher zur Dokumentation der Lernergebnisse und damit verbundenen Lernfortschritten für die Eltern. Es stellt also eine Art Lerntagebuch dar, in dem erst der Blick auf das Ganze die Lernfortschritte sichtbar werden lässt. Insbesondere in Elterngesprächen kann es als Grundlage für die Rückmeldung der Lehrkraft über die allgemeine und spezielle schulische Entwicklung des Kindes sinnvoll genutzt werden.

Selbsteinschätzung der Schüler

Leistungsbewertung sollte in der Klasse von Anfang an eine Rolle spielen. Dabei kommt es jedoch nicht unbedingt in erster Linie auf eine Lehrereinschätzung an. Viel wichtiger ist es, dass die Schüler lernen, sich selbst im Kontext mit den anderen einzuschätzen.
Durch den Prozess des Vorstellens und Reflektierens ihrer eigenen Arbeiten sowie der ihrer Mitschüler gewöhnen sich die Schüler an Beurteilungen und entwickeln ein sehr genaues Gefühl für die richtige Bewertung von Leistungen – und zwar eines, das sowohl der individuellen Entwicklung als auch dem Anspruch der Leistungsnorm gerecht wird (Peschel 2011a, S. 185).
Schon in den ersten beiden Schuljahren gibt es verschiedene Möglichkeiten und Anlässe, die eigene Leistung und die Leistung der Mitschüler einzuschätzen.

Tägliche Selbsteinschätzung

Im Kreis können die Schüler ihre Produkte und Tagesleistungen reflektieren. Zuerst äußert sich ein Schüler kritisch über seine Arbeit und formuliert eine Einschätzung. Anschließend bittet er andere Schüler, seine Leistung zu beurteilen. Abschließend können Sie Ihre Meinung äußern. Ich nutze diese Art der Selbsteinschätzung auch beim Vorlesen von geübten Lesetexten.

Halbjährliche Selbsteinschätzung

Am Ende eines Halbjahres beschreibt jeder Schüler mündlich seine Lernfortschritte, indem er heraushebt, was ihm besonders gut gelungen ist. Daran anschließend wird zu Beginn jedes Halbjahres ein Gesprächskreis durchgeführt, in dem die Schüler formulieren, was sie sich für das kommende Halbjahr oder die nächste Zeit besonders vornehmen. Hier kann es sich sowohl um Sachkompetenzen („Ich möchte besser rechnen lernen.") als auch um soziale Kompetenzen („Ich nehme mir vor, in diesem Halbjahr weniger dazwischenzureden.") handeln.
Wenn die Selbsteinschätzung von Anfang an erfolgt, werden Schüler sehr schnell und differenziert lernen, sich und andere zu beurteilen. Ich habe es noch nicht erlebt, dass Leistungen prinzipiell „schöngeredet" wurden. Eher schätzen sich die Schüler zu kritisch ein.

Halbjahresbriefe

Da es in vielen Bundesländern in der ersten oder sogar in den ersten beiden Klassenstufen noch keine Halbjahreszeugnisse gibt, hat es sich bereits an vielen Schulen bewährt, Eltern und Schülern eine Rückmeldung über das soziale Verhalten und die Leistungen in Briefform zu geben.

In der letzten Stunde des ersten Halbjahres werden diese Briefe ausgegeben. Wie bei der Zeugnisvergabe lese ich, ohne dass ich einen Namen nenne, die wichtigsten Punkte aus dem Brief (oder später aus dem Zeugnis) vor. Es ist erstaunlich, wie gut sich die Schüler selbst im ersten Schuljahr schon einschätzen und sich und ihre Mitschüler erkennen können.

Bei der Ausgabe der Briefe spreche ich auch über Dinge, die die Schüler sehr gut können, über Gebiete, auf denen sie Spezialisten oder Experten sind und berate, an welchem Punkt sie im kommenden Halbjahr besonders arbeiten sollten.

Da diese Gespräche die vertrauliche Atmosphäre der gewohnten Lerngruppe voraussetzen, dürfen Eltern bei der Ausgabe der Briefe (oder später der Zeugnisse) nicht anwesend sein. Sie würden mit den Informationen ganz anders umgehen als die Schüler selbst.

4 Literaturverzeichnis

Brügelmann, Hans / Brinkmann, Erika (1998): Die Schrift erfinden. Libelle Verlag, Lengwil am Bodensee.

Deister, Marion / Horn, Reinhard (1988): Streichelwiese. Ganzheitliche Körpererfahrung für Kinder. Geschichten, die mit den Fingern erzählt werden. Kontakte Musikverlag, Lippstadt.

Ferrarÿ, Alexandra (2010): Wochenplanarbeit in der Grundschule. Verlag an der Ruhr, Mülheim an der Ruhr.

Ferrarÿ, Alexandra (2012): 111 Ideen für den geöffneten Unterricht. Verlag an der Ruhr, Mülheim an der Ruhr.

Ferrarÿ, Alexandra (2013): 77 motivierende Unterrichtseinstiege für die Grundschule. Verlag an der Ruhr, Mülheim an der Ruhr.

Ferrarÿ, Alexandra (2014): 77 effektive Unterrichtsabschlüsse für die Grundschule. Verlag an der Ruhr, Mülheim an der Ruhr.

Grotenhaus, Birgitt / Reiners, Christoph (2005): Die neue Schuleingangsphase: Erfolgreich starten! Auer Verlag, Donauwörth.

Herzig, Sabine / Lange-Wandling, Anke (2008): 111 Ideen für das 1. Schuljahr: Vom ersten Schultag bis zum letzten Buchstabenfest. Verlag an der Ruhr, Mülheim an der Ruhr.

Hintze, Gesa u. a. (2012): Lerndokumentationen leicht erstellen. Digitale Formulare und Textbausteine für Portfolios, Lernstandsdiagnosen & Co., Verlag an der Ruhr, Mülheim an der Ruhr.

Mandl, Heinz / Friedrich, Helmut Felix (2006): Handbuch Lernstrategien. Hogrefe, Göttingen.

Meyer, Hilbert (1996): Leitfaden zur Unterrichtsvorbereitung. Cornelsen Verlag Scriptor, Berlin.

Meyer, Hilbert (2011a): Unterrichtsmethoden I: Theorieband. Cornelsen Verlag Scriptor, Berlin.

Meyer, Hilbert (2011b): Unterrichtsmethoden II: Praxisband. Cornelsen Verlag Scriptor, Berlin.

Peschel, Falko (2011a): Offener Unterricht. Idee, Realität, Perspektive und ein praxiserprobtes Konzept in der Evaluation (Teil 1). Schneider Verlag Hohengehren, Baltmannsweiler.

Peschel, Falko (2011b): Offener Unterricht. Idee, Realität, Perspektive und ein praxiserprobtes Konzept in der Evaluation (Teil 2). Schneider Verlag Hohengehren, Baltmannsweiler.

Reichen, Jürgen (2001): Hannah hat Kino im Kopf. Heinevetter Verlag, Hamburg.

Reichen, Jürgen (2006): Lesen durch Schreiben (Seminar vom 24. bis 28. Juli 2006 in Weimar-Legefeld unter der Leitung von Dr. Jürgen Reichen).

Riegel, Enja (2004): Schule kann gelingen! Wie unsere Kinder wirklich fürs Leben lernen. Fischer Verlag, Frankfurt am Main.

5 Übersicht der Kopiervorlagen auf der CD

1. Kita-Hospitation: Ablaufplan
2. Infotag: Ablaufplan
3. Infotag: Checkliste
4. 0. Elternabend: Ablaufplan
5. Elternabend: Anwesenheitsliste
6. Postmappe: Unterlagen
7. Einschulung: Einladung
8. 1. Elternabend: Einladung
9. 1. Elternabend: Ablaufplan
10. Elternabend: Checkliste
11. Terminübersicht
12. Monatsabschluss: Liste
13. Flohmarkt: Elternbrief
14. Weihnachtsfeier/Talentshow: Elternbrief
15. Vorführungen Weihnachtsfeier: Liste
16. Weihnachtsfeier: Checkliste
17. Weihnachtsfeier: Buffetliste
18. Bibliotheksbesuch: Elternbrief
19. Museumsbesuch/Ausflug: Checkliste
20. Lesenacht: Elternbrief
21. Lesenacht: Buffetliste
22. Lesenacht: Ablaufplan
23. Klassenfahrt: Checkliste
24. Klassenfahrt: Elternbriefe
25. Klassenfahrt: Spielekiste-Liste
26. Klassenfahrt: Programm/Planung (Beispiel)
27. Wochenplan: Vorlage
28. Lesepass: Vorlage
29. Leistungsübersicht: Vorlage

6 Register